工业和信息化普通高等教育"十三五"规划教材立项项目

高等院校"十三五"会计系列规划教材

U0734447

COMPREHENSIVE TRAINING OF COST ACCOUNTING

成本会计综合实训

◆ 王晓秋 主编

人民邮电出版社

北 京

图书在版编目（CIP）数据

成本会计综合实训 / 王晓秋主编. -- 北京：人民
邮电出版社，2021.8
高等院校"十三五"会计系列规划教材
ISBN 978-7-115-56638-6

Ⅰ．①成… Ⅱ．①王… Ⅲ．①成本会计－高等学校－
教材 Ⅳ．①F234.2

中国版本图书馆CIP数据核字(2021)第111658号

内 容 提 要

本书通过模拟一个制造业企业完整的成本核算流程，在教师的引导下，学生通过与实际工作基本零距离的模拟仿真实训，初步掌握制造业企业成本核算整体的基本流程和实务操作方法，获得对成本会计工作的感性认识和成本会计入门的相关理论知识。同时，在每一个步骤的实训环节将实训的核算流程和相关重要知识点予以总结归纳，学生可了解整个实训流程的"前因后果"和"来龙去脉"，为下一步系统学习各种成本核算方法和成本管控的基本理论奠定基础。

本书可作为高等院校经管类专业的本、专科教材，也可以作为企业成本会计人员及自学者的学习参考书。

◆ 主　编　王晓秋
责任编辑　刘向荣
责任印制　李 东　胡 南

◆ 人民邮电出版社出版发行　北京市丰台区成寿寺路 11 号
邮编　100164　电子邮件　315@ptpress.com.cn
网址　https://www.ptpress.com.cn
涿州市殷润文化传播有限公司印刷

◆ 开本：787×1092　1/16
印张：13.75　　　　　2021 年 8 月第 1 版
字数：351 千字　　　2025 年 8 月河北第 7 次印刷

定价：46.00 元

读者服务热线：(010)81055256　印装质量热线：(010)81055316
反盗版热线：(010)81055315

前 言 Preface

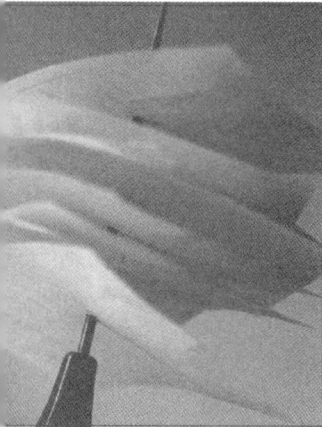

　　党的二十大报告提出，建设现代化产业体系，坚持把发展经济的着力点放在实体经济上，推进新型工业化，加快建设制造强国、质量强国、航天强国、交通强国、网络强国、数字中国。实体经济在强国建设中至关重要，因此坚持把发展经济的着力点放在实体经济上，才能更好推进中华民族伟大复兴。而实体经济的重要基础是制造业，制造业是实体经济和国民经济的主体，是立国之本、强国之基。成本会计可以帮助制造企业了解其生产过程中发生的所有成本，从而有效地管控成本，助力实体经济提高生产效率并增加竞争能力。同时成本会计也是一门技术性和实践性都很强的课程。目前在教学中普通存在的问题如下。

　　（1）完全采用理论教学。学生由于缺乏对成本会计工作的感性认识，在学习过程中会感觉成本会计的理论抽象，这使得学生掌握理论知识不够扎实，缺乏应有的动手能力。

　　（2）有的学校虽然进行实训教学，但实训教材只是把成本会计不同工作阶段做单独的实训练习，这样学生缺乏对整个成本会计核算循环整体的了解。

　　以上存在的问题，大大影响了毕业生应聘时用人单位的满意度和参加工作后迅速独立工作的能力。

　　针对以上教学中存在的"痛点"问题，本书做了如下创新。

　　（1）通过模拟一个制造业企业完整的成本核算流程，学生通过模拟仿真实训，获得对成本会计工作的感性认识和成本会计入门的理论知识。

　　（2）将实训的核算流程和相关重要知识点总结归纳，便于学生了解整个实训流程的"前因后果"和"来龙去脉"。

　　（3）在模拟实训过程中始终注重学生能力的培养、提高，按照会计基础课程学习的《会计基础工作规范》操作，保证模拟实训操作的规范性。

　　（4）本模拟实训采用"混岗操作"的方式，每位学生独立完成成本核算的全部主要工作，尽量做到与实际工作"零距离"。

　　说明：

　　本书可以向任课教师提供电子版的"综合模拟实训"及"综合

实训练习"的参考教案。

期盼：

由于作者水平有限，又是创新性尝试，书中的不当之处，还有待于在教学实践中不断改进和完善；疏漏乃至不妥之处，期盼各位同行赐教，并望各位读者积极提出宝贵的意见和建议，以便修改。

编者

目 录 Contents

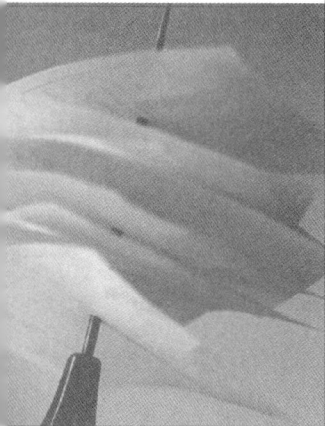

第一节 | 成本会计综合模拟实训的教学目的与步骤

一、成本会计综合模拟实训的教学目的

"成本会计"是一门理论性和实践性都很强的课程。由于学生缺乏对实际会计工作的感性认识，单纯的理论教学和单项练习使学生在学习过程中始终处于被动地位，无法全面了解成本核算的整个流程，导致学生毕业后实际从事成本会计工作时普遍缺乏基本的动手能力，大大影响了用人单位的满意度和学生参加工作后迅速独立处理工作的能力。本书采用与实际工作零距离的模拟仿真实训，通过"混岗操作"的方式让学生独立完成一个工业企业成本核算的全部主要工作，学生能全面、系统地掌握成本核算的基本程序和方法，着力为企业培养能够独立进行成本核算，以及能为企业的决策分析提供助力的财经类应用型人才。

二、成本会计综合模拟实训的步骤

企业财务人员在进行成本核算时，必须要了解各种类型生产的特点和与之相联系的管理要求，分别确定成本计算对象。采用以产品成本计算对象为标志的成本基本计算方法主要有三种，即品种法、分批法和分步法。但不论企业采取何种成本计算的基本方法，成本核算均应按照以下步骤开展工作。

（一）耗费要素的归集与分配

企业在生产产品时，会耗用材料、人工、动力等各项要素，产品成本计算的第一步就是把耗费的外购材料、燃料、动力、人工薪酬、折旧及其他各项支出按照受益部门及受益多少分别分配给基本生产车间、辅助生产车间等部门。

（二）辅助生产成本的归集与分配

作为协助和服务基本生产车间及其他部门的辅助生产车间，在归集了相关耗费后，月末应采用一定的方法将相应的成本耗费分配给基本生产车间、销售机构等受益部门。

注：本实训主要采用辅助生产部门不通过"制造费用"核算的方式。

（三）制造费用的归集与分配

基本生产车间中直接"对象化"的支出可以直接记入"基本生产成本"账户，但间接"非对象化"的支出需要先在制造费用中进行归集，月末再采用一定的方法分配记入"基本生产成本"账户。

（四）期间费用的归集与结转

制造企业成本会计的对象包括产品的生产成本和期间费用，因此在成本核算中也需要把耗费的销售费用、管理费用和财务费用三大期间费用进行归集，月末损益类结转时将期间费用结转到"本年利润"账户。

（五）生产成本在完工产品和在产品之间的分配

通过前面各步骤的逐步分配，最后会在"基本生产成本"账户归集本月为生产产品而发生的全部耗费。月末根据完工情况，再把月初生产成本及本月生产成本的合计数在月末完工产品和在产品之间进行分配，计算出完工产品的单位生产成本及总生产成本，从而完成成本核算工作。

从以上的工作步骤中可以看到，成本核算就是一个不断"分配"的过程，而在每次"分配"中核心的问题是选取合适的分配标准，遵循 "谁受益谁承担、受益越多承担越多"的基本原则，这样才能确保成本核算的准确性。

在以下的综合模拟实训中，我们将按照这个工作步骤开展模拟实训，学生通过实训了解和掌握整个成本核算的步骤和流程。

第二节 | 模拟实训企业概况及核算方法

一、模拟企业概况

【企业名称】四川峰华有限责任公司。

【企业规模】中型企业。

【行业归类】制造型企业，增值税一般纳税人。

【开户银行】中国工商银行四川省分行成都龙舟路支行。

【主要产品】锻压机床、金属切削机床。

【基本生产车间】该企业设有三个基本生产车间，即一车间（铸造车间）、二车间（加工焊接车间）、三车间（装配车间）。

【辅助生产车间】该企业设有两个辅助生产车间，即机修车间和运输车间。

【其他部门】企业管理部门、专设销售机构。

【生产工艺流程】该企业铸造车间将原材料加工成毛坯，经检验合格后直接移交给加工焊接车间；加工焊接车间在此基础上加工焊接成主机及有关零部件，经检验合格后直接移交给装配车间；装配车间将其组装成产成品，经检验合格后交产成品仓库待售。

【投料情况】铸造车间在生产开始时一次性投入产品生产所需的直接材料（实际工作中，生产锻压机床、金属切削机床所耗用的材料、生产工艺远比本资料复杂，本模拟实训主要是为了学习、掌握成本核算的基本方法）。

二、企业内部各级成本会计机构之间的组织分工

企业内部各级成本会计机构之间的组织分工采取集中工作方式。所谓集中工作方式，是指企业的成本会计工作，主要由企业成本会计机构集中进行，车间等其他部门的成本会计机构或人员只负责原始记录和原始凭证的填制并进行初步的审核、整理和汇总，为企业成本会计机构进一步的工作提供基础资料。

为了使学生得到全面的实践训练，本模拟实训采用"混岗操作"的方式，每位学生独立承担本模拟实训成本核算和成本分析的全部工作。

三、模拟实训核算方法

四川峰华有限责任公司在进行成本核算时，需遵循以下核算方法。

（1）为了加强能源的管理，该企业专设"燃料"会计科目和"燃料与动力"成本项目，以便单独进行反映、控制和考核。

（2）该企业原材料和燃料按计划成本核算，"材料成本差异"科目采取按"原材料""燃料""周转材料"等进行明细核算。产成品按实际成本核算。周转材料及低值易耗品摊销采用一次摊销法。

（3）固定资产采用年限平均法计提折旧。

（4）辅助生产成本的分配采用交互分配法。

（5）成本计算方法：根据该企业的生产经营特点和管理要求，采用分步法核算。假设锻压机床采用逐步综合结转方式计算成本，并进行成本还原；金属切削机床采用平行结转方式计算成本（该假设是为了让学生可以对这两个重点和难点内容都进行练习）。

（6）为了减少二级科目，方便填写记账凭证，该企业直接将"基本生产成本"和"辅助生产成本"设为一级总账科目。

（7）根据企业的实际情况，为了简化核算工作，辅助生产车间发生的制造费用，直接记入"辅助生产成本"总账科目和所属明细科目的借方，而不通过"制造费用"科目核算。

第三节 有关账户明细及期初余额

本实训拟根据有关资料对该企业20××年8月的生产活动进行产品成本会计核算。

一、有关原材料和燃料的计划单价

有关原材料和燃料的计划单价

原材料和燃料	球墨铸铁	钢材	机油	修理用备件	焦炭	无烟煤	包装箱	刀具
计划单价	4 000 元/吨	4 600 元/吨	80 元/升	600 元/件	2 900 元/吨	840 元/吨	500 元/个	400 元/件

二、20××年7月31日有关原材料和燃料的明细分类账

原材料明细账

最高存量：
最低存量：
编号：　　　　　规格：　　　　　　　单位：吨　　　　名称：球墨铸铁

20××年		摘要	借方			贷方			结存		
月	日		数量	单价	金额	数量	单价	金额	数量	单价	金额
7	31	本月合计	略			略			70	4 000	280 000

原材料明细账

最高存量：
最低存量：
编号：　　　　　规格：　　　　　　　单位：吨　　　　名称：钢材

20××年		摘要	借方			贷方			结存		
月	日		数量	单价	金额	数量	单价	金额	数量	单价	金额
7	31	本月合计	略			略			120	4 600	552 000

原材料明细账

最高存量：
最低存量：
编号：　　　　　规格：　　　　　　　单位：升　　　　名称：机油

20××年		摘要	借方			贷方			结存		
月	日		数量	单价	金额	数量	单价	金额	数量	单价	金额
7	31	本月合计	略			略			1 200	80	96 000

原材料明细账

最高存量：
最低存量：
编号：　　　　　规格：　　　　　　　单位：件　　　　名称：修理用备件

20××年		摘要	借方			贷方			结存		
月	日		数量	单价	金额	数量	单价	金额	数量	单价	金额
7	31	本月合计	略			略			80	600	48 000

燃料明细账

最高存量：
最低存量：
编号：　　　　规格：　　　　　　　单位：吨　　　　　　名称：焦炭

20××年		摘要	借方			贷方			结存		
月	日		数量	单价	金额	数量	单价	金额	数量	单价	金额
7	31	本月合计	略			略			50	2 900	145 000

燃料明细账

最高存量：
最低存量：
编号：　　　　规格：　　　　　　　单位：吨　　　　　　名称：无烟煤

20××年		摘要	借方			贷方			结存		
月	日		数量	单价	金额	数量	单价	金额	数量	单价	金额
7	31	本月合计	略			略			120	840	100 800

周转材料明细账

最高存量：
最低存量：
编号：　　　　规格：　　　　　　　单位：个　　　　　　名称：包装箱

20××年		摘要	借方			贷方			结存		
月	日		数量	单价	金额	数量	单价	金额	数量	单价	金额
7	31	本月合计	略			略			100	500	50 000

周转材料明细账

最高存量：
最低存量：
编号：　　　　规格：　　　　　　　单位：件　　　　　　名称：刀具

20××年		摘要	借方			贷方			结存		
月	日		数量	单价	金额	数量	单价	金额	数量	单价	金额
7	31	本月合计	略			略			300	400	120 000

三、20××年7月31日材料成本差异明细分类账

材料成本差异明细账

明细科目：原材料　　　　　　　　　　　　　　　　　　　　　　　单位：元

20××年		摘要	收入			发出			结存		
月	日		计划成本	借方差额	贷方差额	计划成本	借方差额	贷方差额	计划成本	借方差额	贷方差额
7	31	本月合计	略			略			18 907		

材料成本差异明细账

明细科目：燃料　　　　　　　　　　　　　　　　　　　　　　　　单位：元

20××年		摘要	收入			发出			结存		
月	日		计划成本	借方差额	贷方差额	计划成本	借方差额	贷方差额	计划成本	借方差额	贷方差额
7	31	本月合计	略			略			6 475		

材料成本差异明细账

明细科目：周转材料　　　　　　　　　　　　　　　　　　　　　　单位：元

20××年		摘要	收入			发出			结存		
月	日		计划成本	借方差额	贷方差额	计划成本	借方差额	贷方差额	计划成本	借方差额	贷方差额
7	31	本月合计	略			略					1 036

四、20××年8月1日固定资产原价有关资料

固定资产卡片1

类别	房屋建筑物	名称	厂房	型号规格	
购入或交接验收日期	20××.1.5	使用部门	铸造车间	负责人	刘黎城
建造单位		总价格	4 000 000 元	预计使用年限	30 年
预计残值	40 000 元	预计清理费用		月折旧率	0.275%

固定资产卡片 2

类别	机器设备	名称	加工台	型号规格	DX100
购入或交接验收日期	20××.2.12	使用部门	铸造车间	负责人	刘黎城
建造单位		总价格	3 000 000 元	预计使用年限	10 年
预计残值	90 000 元	预计清理费用		月折旧率	0.808%

固定资产卡片 3

类别	房屋建筑物	名称	厂房	型号规格	
购入或交接验收日期	20××.1.5	使用部门	加工焊接车间	负责人	刘黎城
建造单位		总价格	5 000 000 元	预计使用年限	30 年
预计残值	50 000 元	预计清理费用		月折旧率	0.275%

固定资产卡片 4

类别	机器设备	名称	加工台	型号规格	DX100
购入或交接验收日期	20××.2.12	使用部门	加工焊接车间	负责人	刘黎城
建造单位		总价格	2 000 000 元	预计使用年限	10 年
预计残值	60 000 元	预计清理费用		月折旧率	0.808%

固定资产卡片 5

类别	房屋建筑物	名称	厂房	型号规格	
购入或交接验收日期	20××.1.5	使用部门	装配车间	负责人	刘黎城
建造单位		总价格	4 800 000 元	预计使用年限	30 年
预计残值	48 000 元	预计清理费用		月折旧率	0.275%

固定资产卡片 6

类别	机器设备	名称	加工台	型号规格	DX100
购入或交接验收日期	20××.2.12	使用部门	装配车间	负责人	刘黎城
建造单位		总价格	6 000 000 元	预计使用年限	10 年
预计残值	30 000 元	预计清理费用		月折旧率	0.829%

固定资产卡片 7

类别	房屋建筑物	名称	厂房	型号规格	
购入或交接验收日期	20××.3.5	使用部门	机修车间	负责人	刘黎城
建造单位		总价格	2 000 000 元	预计使用年限	30 年
预计残值	20 000 元	预计清理费用		月折旧率	0.275%

固定资产卡片 8

类别	机器设备	名称	操作台	型号规格	WX100
购入或交接验收日期	20××.4.16	使用部门	机修车间	负责人	刘黎城
建造单位		总价格	1 000 000 元	预计使用年限	6 年
预计残值	18 000 元	预计清理费用		月折旧率	1.364%

固定资产卡片 9

类别	房屋建筑物	名称	厂房	型号规格	
购入或交接验收日期	20××.3.5	使用部门	运输车间	负责人	刘黎城
建造单位		总价格	1 000 000 元	预计使用年限	30 年
预计残值	10 000 元	预计清理费用		月折旧率	0.275%

固定资产卡片 10

类别	机器设备	名称	货车	型号规格	ISUZU
购入或交接验收日期	20××.4.16	使用部门	运输车间	负责人	刘黎城
建造单位		总价格	2 000 000 元	预计使用年限	10 年
预计残值	32 000 元	预计清理费用		月折旧率	0.820%

固定资产卡片 11

类别	房屋建筑物	名称	厂房	型号规格	
购入或交接验收日期	20××.3.5	使用部门	专设销售机构	负责人	刘黎城
建造单位		总价格	3 000 000 元	预计使用年限	30 年
预计残值	30 000 元	预计清理费用		月折旧率	0.275%

固定资产卡片 12

类别	机器设备	名称	计算机	型号规格	
购入或交接验收日期	20××.4.16	使用部门	专设销售机构	负责人	刘黎城
建造单位		总价格	80 000 元	预计使用年限	10 年
预计残值	2 000 元	预计清理费用		月折旧率	0.813%

固定资产卡片 13

类别	房屋建筑物	名称	厂房	型号规格	
购入或交接验收日期	20××.3.5	使用部门	企业管理部门	负责人	刘黎城
建造单位		总价格	6 000 000 元	预计使用年限	30 年
预计残值	60 000 元	预计清理费用		月折旧率	0.275%

固定资产卡片 14

类别	机器设备	名称	计算机	型号规格	
购入或交接验收日期	20××.4.16	使用部门	企业管理部门	负责人	刘黎城
建造单位		总价格	100 000 元	预计使用年限	10 年
预计残值	3 000 元	预计清理费用		月折旧率	0.808%

五、20××年8月1日在产品成本

月初在产品成本表

金额单位：元

项目	铸造车间		加工焊接车间		装配车间	
	锻压机床	金属切削机床	锻压机床	金属切削机床	锻压机床	金属切削机床
直接材料	478 367.00	569 485.00				
半成品			421 695.12		511 751.00	
燃料及动力	25 789.56	45 879.22	47 523.00	56 321.63	10 032.00	64 465.68
直接人工	12 695.00	89 478.24	10 685.00	351 684.26	15 600.00	187 239.82
制造费用	31 741.32	65 678.48	21 652.26	198 462.65	12 786.54	78 456.24
合计	548 592.88	770 520.94	501 555.38	606 468.54	550 169.54	330 161.74

六、20××年8月1日有关跨期业务

（1）6月30日，以银行存款预付第3季度财产保险费给太平洋保险公司，其中三个基本生产车间各3 600元，辅助生产的机修车间2 100元，运输车间3 300元，销售部门1 200元，厂部管理部门3 300元。分3个月平均摊销。

（2）7月1日，加工焊接车间从远航租赁公司租入生产用设备一台，租金为21 000元，企业管理部门从远航租赁公司租入办公用设备一台，租金为9 000元；租期均为3个月，租金在9月30日一次性支付。

第四节 | 企业发生的与成本核算有关的资料

一、共同耗费分配

该企业生产锻压机床、金属切削机床的铁铸件所共同耗用的球墨铸铁和无烟煤，均按照铁铸件本月投产数量的定额消耗量比例分配成本。有关定额情况如下：

产品共同耗用原材料定额表

产品	原材料	单位定额消耗量（吨/台）
锻压机床	球墨铸铁	45
金属切削机床	球墨铸铁	55

产品共同耗用燃料定额表

产品	燃料	单位定额消耗量（吨/台）
锻压机床	无烟煤	100
金属切削机床	无烟煤	140

二、20××年8月产品生产工时统计资料

产品生产工时统计表　　　　　　　　　　单位：工时

项目	铸造车间	加工焊接车间	装配车间	合计
锻压机床	12 000	35 000	24 000	71 000
金属切削机床	18 000	45 000	36 000	99 000
合计	30 000	80 000	60 000	170 000

三、20××年8月产品产量资料

产量资料

产品：锻压机床　　　　　　　　20××年 8 月　　　　　　　　单位：台

摘要	铸造车间	加工焊接车间	装配车间
月初在产品数量	11	9	12
本月投产或上步转来	22	25	28
本月完工产品数量	25	28	30
月末在产品数量	8	6	10
在产品完工程度	40%	45%	50%
投料方式	生产开始时一次性投料		

产量资料

产品：金属切削机床　　　　　　20××年 8 月　　　　　　　　单位：台

摘要	铸造车间	加工焊接车间	装配车间
月初在产品数量	10	8	9
本月投产或上步转来	26	28	26
本月完工产品数量	28	26	27
月末在产品数量	8	10	8
在产品完工程度	75%	80%	85%
投料方式	生产开始时一次性投料		

第二章 成本会计综合模拟实训

第一节 耗费要素的归集与分配

一、耗费要素

制造企业在生产产品中通常会耗费七大要素：（1）外购材料；（2）外购燃料；（3）外购动力；（4）职工薪酬；（5）折旧；（6）利息；（7）其他支出。

产品成本计算的第一步是分配耗费的七大要素，其中外购燃料要素，如果企业不需要单独核算，可并入外购材料要素，所以工作中这两个要素可以一起进行核算。

二、实训目的

本步骤让学生熟练掌握七大要素的分配步骤及方法。

三、本步骤核算需具备的基础知识

材料的计划成本核算、职工薪酬的核算、折旧的计算、待摊和预提费用的差异处理。

四、本步骤工作流程

本步骤工作流程如图 2-1 所示。

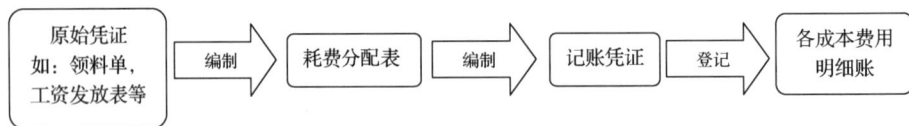

原始凭证 如：领料单，工资发放表等 →编制→ 耗费分配表 →编制→ 记账凭证 →登记→ 各成本费用明细账

图 2-1 工作流程

五、本步骤实训难点

分配标准的确定、共同耗费要素的分配。

六、本步骤实训工作具体实施

（一）外购材料和燃料的归集与分配

制造企业生产产品会通过原材料仓库领用外购的材料和燃料进行加工，成本会计人员会根据

领料单，按照领料部门和用途进行归类，将所耗用的成本计入材料、燃料耗费分配表中。若存在生产产品共同耗用的情况，还需要编制共同耗费分配表，将分配结果再计入材料、燃料耗费分配表。本实训外购材料和燃料采用的是计划成本核算，期末还涉及计划成本的调整。首先，成本会计人员需要汇总入库单；然后，根据汇总后的入库单计算材料成本差异率；最后，根据材料成本差异率将计划成本调整为实际成本。

领 料 单

领料单位：铸造车间　　　　　　　　20××年8月1日　　　　____···____仓库　　　领料单__1__号

用途	生产锻压机床			产品批量		···	定单号		···	二
材料类别	材料编号	材料名称	型号规格	计量单位	数量		单价		金额	财会存
					请领	实发				
···	···	钢材	···	吨	20	20	4 600		92 000	
备注：										

核算：张力　　　　　主管：李慧　　　　　发料：刘艳燕　　　　　　　领料：杨锐

领 料 单

领料单位：铸造车间　　　　　　　　20××年8月2日　　　　____···____仓库　　　领料单__2__号

用途	生产锻压机床和金属切削机床共用			产品批量		···	定单号		···	二
材料类别	材料编号	材料名称	型号规格	计量单位	数量		单价		金额	财会存
					请领	实发				
···	···	无烟煤	···	吨	60	60	840		50 400	
备注：										

核算：张力　　　　　主管：李慧　　　　　发料：刘艳燕　　　　　　　领料：杨锐

领 料 单

领料单位：铸造车间　　　　　　　　20××年8月3日　　　　____···____仓库　　　领料单__3__号

用途	生产锻压机床和金属切削机床共用			产品批量		···	定单号		···	二
材料类别	材料编号	材料名称	型号规格	计量单位	数量		单价		金额	财会存
					请领	实发				
···	···	球墨铸铁	···	吨	20	20	4 000		80 000	
备注：										

核算：张力　　　　　主管：李慧　　　　　发料：刘艳燕　　　　　　　领料：杨锐

领 料 单

领料单位：铸造车间　　　　　　　　20××年8月3日　　　　····仓库　　　领料单__4__号

用途	生产金属切削机床			产品批量		···	定单号		···	二
材料类别	材料编号	材料名称	型号规格	计量单位	数量		单价		金额	财会存
					请领	实发				
···	···	钢材	···	吨	25	25	4 600		115 000	
备注：										

核算：张力　　　　　主管：李慧　　　　　发料：刘艳燕　　　　　　　领料：杨锐

领　料　单

领料单位：铸造车间　　　　　　　　20××年8月4日　　　　……仓库　　　领料单　5　号

用途	生产锻压机床			产品批量	……		定单号	……	二
材料类别	材料编号	材料名称	型号规格	计量单位	数量		单价	金额	财会存
					请领	实发			
……	……	钢材	……	吨	15	15	4 600	69 000	
备注：									

核算：张力　　　　主管：李慧　　　　　发料：刘艳燕　　　　领料：杨锐

领　料　单

领料单位：铸造车间　　　　　　　　20××年8月4日　　　　……仓库　　　领料单　6　号

用途	生产金属切削机床			产品批量	……		定单号	……	二
材料类别	材料编号	材料名称	型号规格	计量单位	数量		单价	金额	财会存
					请领	实发			
……	……	钢材	……	吨	18	18	4 600	82 800	
备注：									

核算：张力　　　　主管：李慧　　　　　发料：刘艳燕　　　　领料：杨锐

领　料　单

领料单位：铸造车间　　　　　　　　20××年8月5日　　　　……仓库　　　领料单　7　号

用途	一般耗用			产品批量	……		定单号	……	二
材料类别	材料编号	材料名称	型号规格	计量单位	数量		单价	金额	财会存
					请领	实发			
……	……	机油	……	升	600	600	80	48 000	

核算：张力　　　　主管：李慧　　　　　发料：刘艳燕　　　　领料：杨锐

领　料　单

领料单位：铸造车间　　　　　　　　20××年8月6日　　　　……仓库　　　领料单　8　号

用途	生产锻压机床和金属切削机床共用			产品批量	……		定单号	……	二
材料类别	材料编号	材料名称	型号规格	计量单位	数量		单价	金额	财会存
					请领	实发			
……	……	球墨铸铁	……	吨	15	15	4 000	60 000	
备注：									

核算：张力　　　　主管：李慧　　　　　发料：刘艳燕　　　　领料：杨锐

领 料 单

领料单位：加工焊接车间　　　　　　20××年8月7日　　　　____仓库　　领料单_9_号

用途	一般耗用			产品批量	…		定单号	…	二
材料类别	材料编号	材料名称	型号规格	计量单位	数量		单价	金额	财会存
					请领	实发			
…	…	机油	…	升	500	500	80	40 000	

核算：张力　　　　　主管：李慧　　　　　　发料：刘艳燕　　　　　　领料：杨锐

领 料 单

领料单位：装配车间　　　　　　20××年8月8日　　　　____仓库　　领料单_10_号

用途	一般耗用			产品批量	…		定单号	…	二
材料类别	材料编号	材料名称	型号规格	计量单位	数量		单价	金额	财会存
					请领	实发			
…	…	机油	…	升	300	300	80	24 000	

核算：张力　　　　　主管：李慧　　　　　　发料：刘艳燕　　　　　　领料：杨锐

领 料 单

领料单位：机修车间　　　　　　20××年8月9日　　　　____仓库　　领料单_11_号

用途	一般耗用			产品批量	…		定单号	…	二
材料类别	材料编号	材料名称	型号规格	计量单位	数量		单价	金额	财会存
					请领	实发			
…	…	机油	…	升	250	250	80	20 000	

核算：张力　　　　　主管：李慧　　　　　　发料：刘艳燕　　　　　　领料：杨锐

领 料 单

领料单位：运输车间　　　　　　20××年8月10日　　　　____仓库　　领料单_12_号

用途	一般耗用			产品批量	…		定单号	…	二
材料类别	材料编号	材料名称	型号规格	计量单位	数量		单价	金额	财会存
					请领	实发			
…	…	机油	…	升	300	300	80	24 000	

核算：张力　　　　　主管：李慧　　　　　　发料：刘艳燕　　　　　　领料：杨锐

领 料 单

领料单位：铸造车间　　　　　　　20××年8月11日　　　　……仓库　　　　领料单 13 号

用途	生产锻压机床			产品批量		……	定单号	……
材料类别	材料编号	材料名称	型号规格	计量单位	数量		单价	金额
					请领	实发		
……	……	焦炭	……	吨	20	20	2 900	58 000
备注：								

核算：张力　　　　主管：李慧　　　　发料：刘艳燕　　　　领料：杨锐

领 料 单

领料单位：铸造车间　　　　　　　20××年8月11日　　　　……仓库　　　　领料单 14 号

用途	生产金属切削机床			产品批量		……	定单号	……
材料类别	材料编号	材料名称	型号规格	计量单位	数量		单价	金额
					请领	实发		
……	……	焦炭	……	吨	22	22	2 900	63 800
备注：								

核算：张力　　　　主管：李慧　　　　发料：刘艳燕　　　　领料：杨锐

领 料 单

领料单位：加工焊接车间　　　　　20××年8月12日　　　　……仓库　　　　领料单 15 号

用途	一般耗用			产品批量		……	定单号	……
材料类别	材料编号	材料名称	型号规格	计量单位	数量		单价	金额
					请领	实发		
……	……	刀具	……	件	200	200	400	80 000
备注：								

核算：张力　　　　主管：李慧　　　　发料：刘艳燕　　　　领料：杨锐

领 料 单

领料单位：铸造车间　　　　　　　20××年8月13日　　　　……仓库　　　　领料单 16 号

用途	生产锻压机床和金属切削机床共用			产品批量		……	定单号	……
材料类别	材料编号	材料名称	型号规格	计量单位	数量		单价	金额
					请领	实发		
……	……	球墨铸铁	……	吨	20	20	4 000	80 000
备注：								

核算：张力　　　　主管：李慧　　　　发料：刘艳燕　　　　领料：杨锐

领 料 单

领料单位：装配车间　　　　　　　　　20××年8月14日　　　　 …　仓库　　　　领料单　17　号

用途		一般耗用		产品批量		…		定单号	…	二
材料类别	材料编号	材料名称	型号规格	计量单位	数量		单价	金额		财
					请领	实发				会
…	…	刀具	…	件	180	180	400	72 000		存
备注：										

核算：张力　　　　　主管：李慧　　　　　　　发料：刘艳燕　　　　　　　领料：杨锐

领 料 单

领料单位：铸造车间　　　　　　　　　20××年8月14日　　　　 …　仓库　　　　领料单　18　号

用途		生产锻压机床和金属切削机床共用		产品批量		…		定单号	…	二
材料类别	材料编号	材料名称	型号规格	计量单位	数量		单价	金额		财
					请领	实发				会
…	…	无烟煤	…	吨	80	80	840	67 200		存
备注：										

核算：张力　　　　　主管：李慧　　　　　　　发料：刘艳燕　　　　　　　领料：杨锐

领 料 单

领料单位：铸造车间　　　　　　　　　20××年8月15日　　　　 …　仓库　　　　领料单　19　号

用途		生产金属切削机床		产品批量		…		定单号	…	二
材料类别	材料编号	材料名称	型号规格	计量单位	数量		单价	金额		财
					请领	实发				会
…	…	钢材	…	吨	30	30	4 600	138 000		存
备注：										

核算：张力　　　　　主管：李慧　　　　　　　发料：刘艳燕　　　　　　　领料：杨锐

领 料 单

领料单位：铸造车间　　　　　　　　　20××年8月15日　　　　 …　仓库　　　　领料单　20　号

用途		生产锻压机床		产品批量		…		定单号	…	二
材料类别	材料编号	材料名称	型号规格	计量单位	数量		单价	金额		财
					请领	实发				会
…	…	钢材	…	吨	10	10	4 600	46 000		存
备注：										

核算：张力　　　　　主管：李慧　　　　　　　发料：刘艳燕　　　　　　　领料：杨锐

领 料 单

领料单位：铸造车间 20××年8月16日 ……仓库 领料单__21__号

用途	生产锻压机床和金属切削机床共用			产品批量	…		定单号	…	二财会存
材料类别	材料编号	材料名称	型号规格	计量单位	数量		单价	金额	
					请领	实发			
…	…	无烟煤	…	吨	60	60	840	50 400	
备注：									

核算：张力 主管：李慧 发料：刘艳燕 领料：杨锐

领 料 单

领料单位：铸造车间 20××年8月17日 ……仓库 领料单__22__号

用途	修理设备用备件			产品批量	…		定单号	…	二财会存
材料类别	材料编号	材料名称	型号规格	计量单位	数量		单价	金额	
					请领	实发			
…	…	备件	…	件	10	10	600	6 000	
备注：									

核算：张力 主管：李慧 发料：刘艳燕 领料：杨锐

领 料 单

领料单位：加工焊接车间 20××年8月18日 ……仓库 领料单__23__号

用途	修理设备用备件			产品批量	…		定单号	…	二财会存
材料类别	材料编号	材料名称	型号规格	计量单位	数量		单价	金额	
					请领	实发			
…	…	备件	…	件	35	35	600	21 000	
备注：									

核算：张力 主管：李慧 发料：刘艳燕 领料：杨锐

领 料 单

领料单位：装配车间 20××年8月19日 ……仓库 领料单__24__号

用途	修理设备用备件			产品批量	…		定单号	…	二财会存
材料类别	材料编号	材料名称	型号规格	计量单位	数量		单价	金额	
					请领	实发			
…	…	备件	…	件	15	15	600	9 000	
备注：									

核算：张力 主管：李慧 发料：刘艳燕 领料：杨锐

领 料 单

领料单位：铸造车间　　　　　　　　20××年 8 月 20 日　　　　····仓库　　　　领料单_25_号

用途		生产锻压机床		产品批量		···		定单号		···
材料类别	材料编号	材料名称	型号规格	计量单位	数量		单价		金额	
					请领	实发				
···	···	焦炭	···	吨	15	15	2 900		43 500	
备注：										

核算：张力　　　　　主管：李慧　　　　　发料：刘艳燕　　　　　领料：杨锐

领 料 单

领料单位：铸造车间　　　　　　　　20××年 8 月 21 日　　　　····仓库　　　　领料单_26_号

用途		生产金属切削机床		产品批量		···		定单号		···
材料类别	材料编号	材料名称	型号规格	计量单位	数量		单价		金额	
					请领	实发				
···	···	焦炭	···	吨	20	20	2 900		58 000	
备注：										

核算：张力　　　　　主管：李慧　　　　　发料：刘艳燕　　　　　领料：杨锐

领 料 单

领料单位：铸造车间　　　　　　　　20××年 8 月 22 日　　　　····仓库　　　　领料单_27_号

用途		生产锻压机床和金属切削机床共用		产品批量		···		定单号		···
材料类别	材料编号	材料名称	型号规格	计量单位	数量		单价		金额	
					请领	实发				
···	···	球墨铸铁	···	吨	22	22	4 000		88 000	
备注：										

核算：张力　　　　　主管：李慧　　　　　发料：刘艳燕　　　　　领料：杨锐

领 料 单

领料单位：铸造车间　　　　　　　　20××年 8 月 23 日　　　　····仓库　　　　领料单_28_号

用途		生产锻压机床		产品批量		···		定单号		···
材料类别	材料编号	材料名称	型号规格	计量单位	数量		单价		金额	
					请领	实发				
···	···	钢材	···	吨	20	20	4 600		92 000	
备注：										

核算：张力　　　　　主管：李慧　　　　　发料：刘艳燕　　　　　领料：杨锐

领 料 单

领料单位：铸造车间　　　　　　　20××年8月24日　　　　　…仓库　　　领料单_29_号

用途	生产金属切削机床			产品批量		…	定单号		…
材料类别	材料编号	材料名称	型号规格	计量单位	数量		单价	金额	
					请领	实发			
…	…	钢材	…	吨	18	18	4 600	82 800	
备注：									

核算：张力　　　　主管：李慧　　　　　　发料：刘艳燕　　　　　领料：杨锐

二财会存

领 料 单

领料单位：铸造车间　　　　　　　20××年8月25日　　　　　…仓库　　　领料单_30_号

用途	生产锻压机床和金属切削机床共用			产品批量		…	定单号		…
材料类别	材料编号	材料名称	型号规格	计量单位	数量		单价	金额	
					请领	实发			
…	…	球墨铸铁	…	吨	20	20	4 000	80 000	
备注：									

核算：张力　　　　主管：李慧　　　　　　发料：刘艳燕　　　　　领料：杨锐

二财会存

领 料 单

领料单位：机修车间　　　　　　　20××年8月25日　　　　　…仓库　　　领料单_31_号

用途	修理设备用备件			产品批量		…	定单号		…
材料类别	材料编号	材料名称	型号规格	计量单位	数量		单价	金额	
					请领	实发			
…	…	备件	…	件	8	8	600	4 800	
备注：									

核算：张力　　　　主管：李慧　　　　　　发料：刘艳燕　　　　　领料：杨锐

二财会存

领 料 单

领料单位：运输车间　　　　　　　20××年8月26日　　　　　…仓库　　　领料单_32_号

用途	修理设备用备件			产品批量		…	定单号		…
材料类别	材料编号	材料名称	型号规格	计量单位	数量		单价	金额	
					请领	实发			
…	…	备件	…	件	5	5	600	3 000	
备注：									

核算：张力　　　　主管：李慧　　　　　　发料：刘艳燕　　　　　领料：杨锐

二财会存

领 料 单

领料单位：销售部门　　　　　　　　20××年 8 月 26 日　　　　…仓库　　　领料单 33 号

用途	修理设备用备件			产品批量		…		定单号		…
材料类别	材料编号	材料名称	型号规格	计量单位	数量		单价		金额	
					请领	实发				
…	…	备件	…	件	4	4	600		2 400	
备注：										

核算：张力　　　　主管：李慧　　　　发料：刘艳燕　　　　领料：杨锐

领 料 单

领料单位：铸造车间　　　　　　　　20××年 8 月 27 日　　　　…仓库　　　领料单 34 号

用途	一般耗用			产品批量		…		定单号		…
材料类别	材料编号	材料名称	型号规格	计量单位	数量		单价		金额	
					请领	实发				
…	…	刀具	…	件	300	300	400		120 000	
备注：										

核算：张力　　　　主管：李慧　　　　发料：刘艳燕　　　　领料：杨锐

领 料 单

领料单位：销售部门　　　　　　　　20××年 8 月 27 日　　　　…仓库　　　领料单 35 号

用途	包装销售的锻压机床和金属切削机床			产品批量		…		定单号		…
材料类别	材料编号	材料名称	型号规格	计量单位	数量		单价		金额	
					请领	实发				
…	…	包装箱	…	个	50	50	500		25 000	
备注：随同产品出售不单独计价										

核算：张力　　　　主管：李慧　　　　发料：刘艳燕　　　　领料：杨锐

领 料 单

领料单位：企业管理部门　　　　　　20××年 8 月 27 日　　　　…仓库　　　领料单 36 号

用途	修理设备用备件			产品批量		…		定单号		…
材料类别	材料编号	材料名称	型号规格	计量单位	数量		单价		金额	
					请领	实发				
…	…	备件	…	件	10	10	600		6 000	
备注：										

核算：张力　　　　主管：李慧　　　　发料：刘艳燕　　　　领料：杨锐

领 料 单 （注）

领料单位：铸造车间　　　　　　　　20××年 8 月 31 日　　____仓库　　　　领料单 37 号

用途	生产锻压机床			产品批量	...			定单号		...	二
材料类别	材料编号	材料名称	型号规格	计量单位	数量		单价		金额		财
					请领	实发					会
...	...	钢材	...	吨	-10	-10	4 600		-46 000		存
备注：已领未用钢材假退料											

核算：张力　　　　　主管：李慧　　　　　发料：刘艳燕　　　　　　领料：杨锐

（注）本领料单应为红字领料单，为印刷方便，在"数量"和"金额"栏以"-"号标注，以示区别。

领 料 单 （注）

领料单位：铸造车间　　　　　　　　20××年 8 月 31 日　　____仓库　　　　领料单 38 号

用途	生产金属切削机床			产品批量	...			定单号		...	二
材料类别	材料编号	材料名称	型号规格	计量单位	数量		单价		金额		财
					请领	实发					会
...	...	钢材	...	吨	-8	-8	4 600		-36 800		存
备注：已领未用钢材假退料											

核算：张力　　　　　主管：李慧　　　　　发料：刘艳燕　　　　　　领料：杨锐

（注）本领料单应为红字领料单，为印刷方便，在"数量"和"金额"栏以"-"号标注，以示区别。

【相关知识链接】假退料亦称假退库，指月末根据已领用但并未实际使用而下月需要继续使用的材料同时填制本月红字领料单（或本月退料单）和下月初蓝字领料单（内容相同），红字领料单表示该批材料本月已退了库，蓝字领料单表示该批材料又作为下月的领料出库了，而材料实物不需移动的一种会计处理程序。该会计处理程序有利于企业正确计算各个月份的生产耗费情况。

共同耗用的球墨铸铁计划成本分配表

20××年 8 月 31 日

分配对象	定额资料			分配率（元/吨）	分配金额（元）
	每台定额（吨）	本月投产（台）	总定额（吨）		
锻压机床					
金属切削机床					
小计	—	—			

制表：

共同耗用的无烟煤计划成本分配表

20××年 8 月 31 日

分配对象	定额资料			分配率（元/吨）	分配金额（元）
	每台定额（吨）	本月投产（台）	总定额（吨）		
锻压机床					
金属切削机床					
小计	—	—			

制表：

四川峰华机床厂

材料、燃料耗费计划成本分配表

20××年8月31日

项目 应借科目		原材料					燃料			包装物	周转材料	合计
		球墨铸铁	钢材	机油	修理用备件	合计	焦炭	无烟煤	合计		刀具	
基本生产成本——铸造车间	锻压机床											
	金属切削机床											
	小计											
制造费用	铸造车间											
	加工焊接车间											
	装配车间											
	小计											
辅助生产成本	机修车间											
	运输车间											
	小计											
销售费用												
管理费用												
合计												

制表：

材料入库验收单

20××年8月2日

供货单位：…   收料仓库：…   收料单编号：1

材料类别	名称规格	计量单位	数量		实际成本（元）				
			应收	实收	单价	总买价	运费	其他	合计
	机油	升	1 100	1 100	76	83 600	2 000		85 600

计划成本（元）		验收意见
单价	总额	
80	88 000	

仓库主管：张强   质量检验：牟力   收料：刘兰云   制单：肖华

材料入库验收单

20××年8月3日

供货单位：…   收料仓库：…   收料单编号：2

材料类别	名称规格	计量单位	数量		实际成本（元）				
			应收	实收	单价	总买价	运费	其他	合计
	球墨铸铁	吨	40	40	3 980	159 200	3 000		162 200

计划成本（元）		验收意见
单价	总额	
4 000	160 000	

仓库主管：张强   质量检验：牟力   收料：刘兰云   制单：肖华

材料入库验收单

20××年8月4日

供货单位：…   收料仓库：…   收料单编号：3

材料类别	名称规格	计量单位	数量		实际成本（元）				
			应收	实收	单价	总买价	运费	其他	合计
	钢材	吨	50	50	4 620	231 000	3 000		234 000

计划成本（元）		验收意见
单价	总额	
4 600	230 000	

仓库主管：张强   质量检验：牟力   收料：刘兰云   制单：肖华

材料入库验收单

20××年8月8日

供货单位：…   收料仓库：…   收料单编号：4

材料类别	名称规格	计量单位	数量		实际成本（元）				
			应收	实收	单价	总买价	运费	其他	合计
	焦炭	吨	30	30	2 860	85 800	2 000		87 800

计划成本（元）		验收意见
单价	总额	
2 900	87 000	

仓库主管：张强   质量检验：牟力   收料：刘兰云   制单：肖华

材料入库验收单

20××年8月10日

供货单位：…   收料仓库：…   收料单编号：5

材料类别	名称规格	计量单位	数量		实际成本（元）				
			应收	实收	单价	总买价	运费	其他	合计
	修理用备件	件	10	10	550	5 500	300		5 800

计划成本（元）		验收意见
单价	总额	
600	6 000	

仓库主管：张强   质量检验：牟力   收料：刘兰云   制单：肖华

材料入库验收单

20××年8月11日

供货单位：…   收料仓库：…   收料单编号：6

材料类别	名称规格	计量单位	数量		实际成本（元）				
			应收	实收	单价	总买价	运费	其他	合计
	无烟煤	吨	150	150	820	123 000	2 000		125 000

计划成本（元）		验收意见
单价	总额	
840	126 000	

仓库主管：张强   质量检验：牟力   收料：刘兰云   制单：肖华

材料入库验收单

20××年 8 月 12 日

供货单位：… 　　　　　　　　　　　　　　　　　　　　　　收料仓库：… 　　　收料单编号：7

材料 类别	名称 规格	计量 单位	数量		实际成本（元）				
			应收	实收	单价	总买价	运费	其他	合计
	焦炭	吨	20	20	2 850	57 000	1 200		58 200
计划成本（元）		验收意见							
单价	总额								
2 900	58 000								

仓库主管：张强 　　　　　质量检验：牟力 　　　　　收料：刘兰云 　　　　　制单：肖华

材料入库验收单

20××年 8 月 15 日

供货单位：… 　　　　　　　　　　　　　　　　　　　　　　收料仓库：… 　　　收料单编号：8

材料 类别	名称 规格	计量 单位	数量		实际成本（元）				
			应收	实收	单价	总买价	运费	其他	合计
	包装箱	个	60	60	480	28 800	1 100		29 900
计划成本（元）		验收意见							
单价	总额								
500	30 000								

仓库主管：张强 　　　　　质量检验：牟力 　　　　　收料：刘兰云 　　　　　制单：肖华

材料入库验收单

20××年 8 月 20 日

供货单位：… 　　　　　　　　　　　　　　　　　　　　　　收料仓库：… 　　　收料单编号：9

材料 类别	名称 规格	计量 单位	数量		实际成本（元）				
			应收	实收	单价	总买价	运费	其他	合计
	刀具	件	500	500	385	192 500	1 200		193 700
计划成本（元）		验收意见							
单价	总额								
400	200 000								

仓库主管：张强 　　　　　质量检验：牟力 　　　　　收料：刘兰云 　　　　　制单：肖华

<h3 style="text-align:center">收料凭证汇总表</h3>

20××年8月

金额单位：元

材料类别	材料编号	材料名称	…	计量单位	入库数量	实际成本	计划成本	材料成本差异
原材料		球墨铸铁						
		钢材						
		机油						
		修理用备件						
	小计							
燃料		焦炭						
		无烟煤						
	小计							
周转材料		包装箱						
		刀具						
	小计							
合计								

<h3 style="text-align:center">材料成本差异率计算表</h3>

20××年8月

材料类别	材料编号	材料名称	月初结存材料		本月验收入库		本月材料成本差异率（%）
			计划成本（元）	成本差异（元）	计划成本（元）	成本差异（元）	
原材料		球墨铸铁					
		钢材					原材料成本差异率：
		机油					
		修理用备件					
		小计					
燃料		焦炭					燃料成本差异率：
		无烟煤					
		小计					
周转材料		包装箱					周转材料成本差异率：
		刀具					
		小计					

【小结】原材料、燃料耗费计划成本的核算程序如图 2-2 所示。

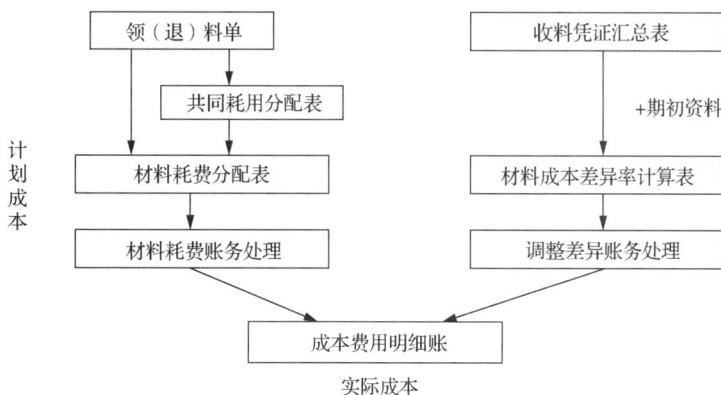

图 2-2　原材料、燃料耗费计划成本的核算程序

（二）外购动力的归集与分配

本实训外购动力主要是外购电力，通过各部门实际耗用的电量，将外购电力成本耗费分配计入相关成本费用中。

四川增值税专用发票　　　No 06138536

（教学模拟实习用）　　　　发票联　　　　开票日期：20××年8月31日

购货单位	名　　　称：四川峰华机床厂				密码区			第三联：发票联　购货方记账凭证
	纳税人识别号：52510025336256309X							
	地址、电话：……							
	开户行及账号：工行成都市龙舟路支行 265457891234							

货物或劳务名称	规格型号	单位	数量	单价	金额	税率	税额
电力		千瓦时	420 000	0.725	304 500.00	13%	39 585.00
合　计					￥304 500.00		￥39 585.00

价税合计（大写）	叁拾肆万肆仟零捌拾伍元整	（小写）￥344 085.00

销货单位	名　　　称：国网成都供电公司		备注
	纳税人识别号：……		
	地址、电话：……		
	开户行及账号：工行成都市二分理处 72256840		

收款人：…　　　复核：…　　　开票人：…　　　　　销货单位（章）

- -

中国工商银行支票

支票号码　2865942631512

附加信息　_____

出票日期　20××年8月31日

收款人	国网成都供电公司
金额	￥344 085.00
用途	支付电费
备注	

单位主管　　　　　　　会计

四川省素华印刷有限公司 20××年印制

各部门耗电数量

20××年 8 月

部门	用途	实际使用数量（千瓦时）
铸造车间	生产锻压机床	40 000
	生产金属切削机床	50 000
	一般耗用	8 000
加工焊接车间	生产锻压机床	50 000
	生产金属切削机床	60 000
	一般耗用	9 000
装配车间	生产锻压机床	50 000
	生产金属切削机床	60 000
	一般耗用	7 000
机修车间	管理及生产	40 000
运输车间	管理及生产	30 000
专设销售机构	管理耗用	6 600
企业管理部门	管理耗用	9 400
合计		420 000

四川峰华机床厂电费分配表

20××年 8 月 31 日

使用部门	用途	耗用量（千瓦时）	分配率	分配金额（元）
铸造车间	生产锻压机床			
	生产金属切削机床			
	一般耗用			
加工焊接车间	生产锻压机床			
	生产金属切削机床			
	一般耗用			
装配车间	生产锻压机床			
	生产金属切削机床			
	一般耗用			
机修车间	管理及生产			
运输车间	管理及生产			
专设销售机构	管理耗用			
企业管理部门	管理耗用			
合计				

（三）职工薪酬的归集与分配

本实训需要根据工资结算汇总表将工资及各种计提耗费按照部门进行分配。其中，生产工人工资及各种计提耗费根据生产工时进行分配，计入基本生产成本。

四川峰华机床厂工资结算汇总表（简表）

20××年8月

单位：元

车间部门		基本工资	岗位津贴	绩效工资	应付工资	代扣款项			实发工资
						社会保险	公积金	个人所得税	
铸造车间	生产工人	240 000	70 000	20 000	330 000	36 720	34 000	28 000	231 280
	管理人员	30 000	10 000	8 000	48 000	5 184	4 800	5 100	32 916
	小计	270 000	80 000	28 000	378 000	41 904	38 800	33 100	264 196
加工焊接车间	生产工人	680 000	150 000	50 000	880 000	95 040	88 000	67 000	629 960
	管理人员	40 000	12 000	13 000	65 000	7 020	6 500	6 000	45 480
	小计	720 000	162 000	63 000	945 000	102 060	94 500	73 000	675 440
装配车间	生产工人	520 000	180 000	50 000	750 000	134 280	74 600	72 000	469 120
	管理人员	36 000	18 000	12 000	66 000	11 880	6 600	6 820	40 700
	小计	556 000	198 000	62 000	816 000	146 160	81 200	78 820	509 820
机修车间		160 000	6 000	3 000	169 000	30 420	16 900	16 200	105 480
运输车间		86 000	4 500	2 400	92 900	16 722	9 290	9 100	57 788
销售部门		50 000	3 620	1 980	55 600	10 008	5 560	5 300	34 732
管理部门		220 000	10 200	8 650	238 850	42 993	23 885	24 100	147 872
合计		2 062 000	464 320	169 030	2 695 350	390 267	270 135	239 620	1 795 328

审批：杨红　　　　　会计主管：李凤　　　　　　制表：张可

生产工时资料统计表

20××年8月

单位：工时

项目	铸造车间	加工焊接车间	装配车间	合计
锻压机床	12 000	35 000	24 000	71 000
金属切削机床	18 000	45 000	36 000	99 000
合计	30 000	80 000	60 000	170 000

应付职工薪酬耗费分配表（1）

20××年8月

金额单位：元

应借科目	产品	分配计入			直接计入	工资耗费合计
		生产工时	分配率（元/小时）	分配金额		
基本生产成本——铸造车间	锻压机床					
	金属切削机床					
	小计					
制造费用——铸造车间						
基本生产成本——加工焊接车间	锻压机床					
	金属切削机床					
	小计					
制造费用——加工焊接车间						
基本生产成本——装配车间	锻压机床					
	金属切削机床					
	小计					
制造费用——装配车间						
辅助生产成本——机修车间						
辅助生产成本——运输车间						
销售费用						
管理费用						
合计						

制表：

应付职工薪酬耗费分配表（2）*

20××年8月

金额单位：元

应借科目		工资耗费合计	职工福利（14%）	社会保险费（28%）	住房公积金（10%）	工会经费（2%）	职工教育经费（1.5%）	计提合计	职工薪酬合计
基本生产成本——铸造车间	锻压机床								
	金属切削机床								
	小计								
制造费用——铸造车间									
基本生产成本——加工焊接车间	锻压机床								
	金属切削机床								
	小计								
制造费用——加工焊接车间									
基本生产成本——装配车间	锻压机床								
	金属切削机床								
	小计								
制造费用——装配车间									
辅助生产成本——机修车间									
辅助生产成本——运输车间									
销售费用									
管理费用									
合计									

制表：

* 在实际工作中，"社会保险费"栏目应分别按"医疗保险费""养老保险费""失业保险费""工伤保险费""生育保险费"等分项列示，此处做了简化。

（四）折旧的归集与分配

本实训固定资产折旧额采用年限平均法计算，需要根据给定的月折旧率计算折旧费，并计入相关成本费用科目。

固定资产折旧费分配表

20××年 8 月

部门	项目	月初固定资产原值	月折旧率	月折旧额
铸造车间	房屋建筑物			
	机器设备			
	小计			
加工焊接车间	房屋建筑物			
	机器设备			
	小计			
装配车间	房屋建筑物			
	机器设备			
	小计			
机修车间	房屋建筑物			
	机器设备			
	小计			
运输车间	房屋建筑物			
	机器设备			
	小计			
专设销售机构	房屋建筑物			
	机器设备			
	小计			
企业管理部门	房屋建筑物			
	机器设备			
	小计			
合计				

（五）利息的归集与分配

本实训根据贷款利息回单中贷款的用途判断利息是费用化还是资本化利息，另外，由于贷款利息是季末支付，所以本实训涉及的利息需要计提。

中国工商银行贷款利息回单

付款单位	户名	四川峰华机床厂	收款单位	户名	中国工商银行龙舟路支行		
	账号	265457891234		账号	26545489126		
贷款金额		¥ 500 000.00	本期应支付利息		¥ 2 514.18		
借款用途		生产经营	借款编号				
备注	起息日期		止息日期		利率		利息
	20××年 7 月		20××年 9 月				¥ 7 542.54

中国工商银行贷款利息回单

付款单位	户名	四川峰华机床厂	收款单位	户名	中国工商银行龙舟路支行		
	账号	265457891234		账号	26545489126		
贷款金额		¥ 1 000 000.00	本期应支付利息		¥ 8 946.58		
借款用途		建设厂房	借款编号				
备注	起息日期		止息日期		利率		利息
	20××年 7 月		20××年 9 月				¥ 26 839.74

预提利息分配表

20××年 8 月 单位：元

应借科目	费用项目	金额

（六）其他支出的归集与分配

除上述六个耗费要素以外的耗费均作为其他支出，本实训选取了外购水费、办公费、保险费和租赁费为例作为其他支出进行实训练习。

四川增值税专用发票　　　No 08478467

（教学模拟实习用）　　　　　　发票联　　　　　开票日期：20××年8月31日

购货单位	名　　　　称：四川峰华机床厂					密码区		第三联：发票联　购货方记账凭证
	纳税人识别号：52510025336256309X							
	地址、电话：……							
	开户行及账号：工行成都市龙舟路支行 265457891234							
货物或劳务名称	规格型号	单位	数量	单价	金额		税率	税额
企业用水		吨	20 400	4.1	83 640.00		6%	5 018.40
合　　计					¥ 83 640.00			¥ 5 018.40
价税合计（大写）	捌万捌仟陆佰伍拾捌元肆角整				（小写）¥ 88 658.40			
销货单位	名　　　　称：成都市自来水有限责任公司					备注		
	纳税人识别号：……							
	地址、电话：……							
	开户行及账号：农行成都市桂溪分理处 846529154344							

收款人：…　　　复核：…　　　开票人：…　　　　　销货单位（章）

中国工商银行支票

四川省素华印刷有限公司 20××年印制

支票号码　2865942631513

附加信息　＿＿＿＿＿＿＿＿＿＿＿＿＿＿＿＿

出票日期　20××年8月31日

收款人	成都市自来水有限责任公司
金额	¥ 88 658.40
用途	支付水费
备注	

单位主管　　　　　　　　会计

各部门用水数量*

20××年8月

部门	用途	实际使用数量（吨）
铸造车间	一般耗用	3 000
加工焊接车间	一般耗用	3 600
装配车间	一般耗用	4 000
机修车间	管理及生产	3 000
运输车间	管理及生产	2 000
专设销售机构	管理耗用	1 200
企业管理部门	管理耗用	3 600
合计		20 400

水费分配表

20××年8月

部门	耗用量（吨）	分配率	分配金额（元）
铸造车间			
加工焊接车间			
装配车间			
机修车间			
运输车间			
专设销售机构			
企业管理部门			
合计			

四川增值税专用发票　　　No 095472648

（教学模拟实习用）　　　发票联　　　开票日期：20××年 8月31日

购货单位	名　　称：四川峰华机床厂 纳税人识别号：52510025336256309X 地址、电话：…… 开户行及账号：工行成都市龙舟路支行 265457891234	密码区		第三联：发票联

货物或劳务名称	规格型号	单位	数量	单　价	金　　额	税率	税　　额
办公用品 （详见销货清单*）					16 400.00	13%	2 132.00
合　　计					￥16 400.00		￥2 132.00

价税合计（大写）　　壹万捌仟伍佰叁拾贰元整		（小写）￥18 532.00

销货单位	名　　称：得力集团有限公司成都分公司 纳税人识别号：…… 地址、电话：…… 开户行及账号：中国银行成都市三分理处 6548724623141	备注

收款人：…　　　　复核：…　　　　开票人：…　　　　销货单位（章）

* 购货清单略

中国工商银行支票

四川省素华印刷有限公司 20×× 年印制

支票号码 2865942631514

附加信息 ＿＿＿＿＿＿＿＿＿＿＿＿＿

＿＿＿＿＿＿＿＿＿＿＿＿＿

出票日期 20××年 8 月 31 日

收款人	成都市供水公司
金额	￥18 532.00
用途	购买办公用品
备注	

单位主管　　　　　　　　会计

四川峰华机床厂本月领用办公用品表

20××年 8 月 31 日

领用部门	金额（元）	备注
铸造车间	2 000	
加工焊接车间	1 800	
装配车间	2 500	
机修车间	1 300	
运输车间	1 600	
销售部门	3 000	
管理部门	4 200	
合计	16 400	

预付账款明细账

明细科目：太平洋保险公司

20××年		摘要	借方	贷方	借或贷	余额
月	日					
6	30	预付保险费	20 700		借	20 700
7	31	摊销预付财产保险费		6 900	借	13 800

其他应付款明细账

明细科目：远航租赁公司

20××年		摘要	借方	贷方	借或贷	余额
月	日					
7	31	预提第四季度经营租入设备租金		10 000	贷	10 000

预付财产保险费分配表

20××年 8 月

应借科目	成本、费用项目	金额（元）

预提设备租赁费分配表

20××年 8 月

应借科目	费用项目	金额（元）

第二节 | 辅助生产成本的归集与分配

一、辅助生产成本的归集

企业的辅助生产部门主要是为基本生产和其他管理部门服务的。"辅助生产成本"科目一般应按车间以及产品和劳务的种类设置明细账,明细账按照成本项目设立专栏或专行,进行明细核算。辅助生产成本的归集有两种方法,第一种方法,辅助生产车间发生的直接耗费,直接记入"辅助生产成本"相应的成本项目,辅助生产车间发生的间接耗费,应先记入"制造费用"总账科目和所属辅助生产制造费用明细账的借方进行归集,然后再从其贷方直接转入或分配转入"辅助生产成本"总账科目和所属明细账的借方。第二种方法,如果辅助生产不对外销售产品或提供劳务,而且辅助生产车间规模很小,发生的制造费用较少,为了简化核算工作,其制造费用也可以直接记入"辅助生产成本"总账科目和所属明细账的借方,而不通过"制造费用"科目核算。这样,在计算辅助生产成本时,可以将产品的成本项目与制造费用的费用项目结合起来,设置简化的项目,在辅助生产成本明细账中按照这种简化的项目归集费用、计算成本。本实训采用第二种方法进行核算,即辅助生产部门成本核算不通过"制造费用"。

二、辅助生产成本的分配

归集在"辅助生产成本"科目及其明细账借方的辅助生产耗费,本着"谁受益,谁承担。收益越多,承担越多"的原则,可以采用直接分配法、交互分配法、代数分配法、按计划成本分配法、顺序分配法分配给各收益部门。

三、实训目的

本步骤让学生熟练掌握辅助生产成本的交互分配法,为后续学习其他辅助生产成本的分配方法打下基础。

四、本步骤工作流程

(一)辅助生产成本的归集

辅助生产成本的归集流程如图 2-3 所示。

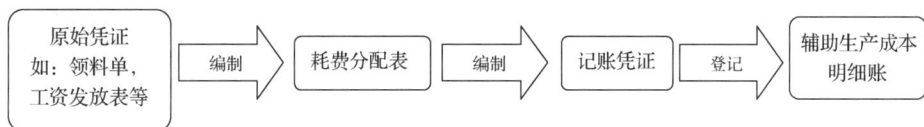

图 2-3　辅助生产成本的归集流程

通过前面七大要素的分配，辅助生产成本明细账上汇总的余额即是辅助生产成本归集的总金额。

（二）辅助生产成本的分配

辅助生产成本的分配流程如图 2-4 所示。

图 2-4　辅助生产成本的分配流程

分配的结果：通常提供劳务的辅助生产车间的辅助生产成本明细账余额为"0"。

五、本步骤实训难点

辅助生产成本分配方法中交互分配法两次分配中待分配的成本及分配率的确定。

六、本步骤实训工作具体实施

机修车间和运输车间的辅助生产成本明细账中归集了本月两个辅助生产车间的全部耗费，通过本月两个辅助生产车间提供的劳务量统计表，采用辅助生产成本分配表完成对辅助生产成本的分配工作。

四川峰华机床厂辅助生产车间提供的劳务量统计表

20××年 8 月

受益对象		运输车间（单位：公里）	机修车间（单位：小时）
本月劳务供应量		21 200	11 500
辅助生产车间耗用	运输车间耗用	—	1 200
	机修车间耗用	1 000	—
铸造车间		2 000	2 000
加工焊接车间		3 000	3 500
装配车间		4 000	2 500
专设销售机构		8 000	500
企业管理部门		3 200	1 800
合计		21 200	11 500

辅助生产成本明细账

辅助生产车间：机修车间

机修车间

20××年		摘要	机物料消耗	职工薪酬	折旧费	办公费	财产保险费	水电费	运费	合计	转出	余额
月	日											

辅助生产成本明细账

辅助生产车间：运输车间

20××年		摘要	机物料消耗	职工薪酬	折旧费	办公费	财产保险费	水电费	修理费	合计	转出	余额
月	日											

辅助生产成本分配表

（交互分配法）

20××年 8 月

金额单位：元

项目		运输车间			机修车间			合计
		数量	分配率	金额	数量	分配率	金额	
待分配辅助生产成本								
交互分配	辅助生产——运输							
	辅助生产——机修							
计算出的对外分配金额								
对外分配	铸造车间							
	加工焊接车间							
	装配车间							
	专设销售机构							
	企业管理部门							
合计								

第三节 | 制造费用的归集与分配

一、制造费用的归集

基本生产车间发生的所有"非对象化"的间接支出和直接用于产品生产但未专设成本项目的耗费应归集在"制造费用"账户。另外，辅助生产车间发生的耗费，如果辅助生产的制造费用是通过"制造费用"科目核算的，应比照基本生产车间发生的耗费核算。

二、制造费用的分配

归集在"制造费用"明细账借方的间接耗费分配对象为本车间本期所生产的各种产品或所提供的劳务，因此期末应将归集的制造费用金额分配计入基本生产成本。分配制造费用的方法很多，通常采用的有生产工时比例法、机器工时比例法、生产工人工资比例法和按年度计划分配率分配法等。

三、实训目的

本步骤让学生熟练掌握制造费用的生产工时比例法，为后续学习其他制造费用的分配方法打下基础。

四、本步骤工作流程

（一）制造费用的归集

制造费用的归集流程如图 2-5 所示。

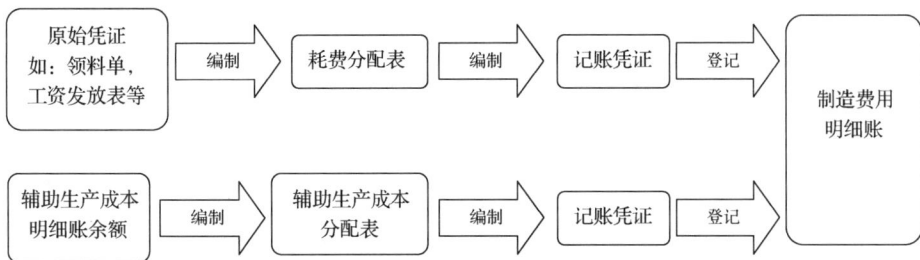

图 2-5　制造费用的归集流程

通过前面七大要素、辅助生产成本的分配，制造费用明细账上汇总的余额即是制造费用归集的总金额。

（二）制造费用的分配

制造费用的分配流程如图 2-6 所示。

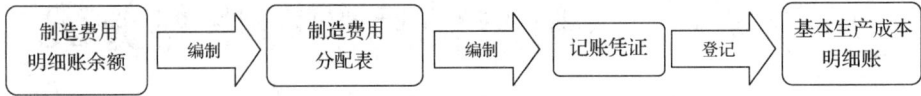

| 制造费用明细账余额 | 编制 | 制造费用分配表 | 编制 | 记账凭证 | 登记 | 基本生产成本明细账 |

图 2-6　制造费用的分配流程

分配的结果：制造费用明细账余额通常为"0"。

五、本步骤实训难点

制造费用分配率的确定。

六、本步骤实训工作具体实施

铸造车间、加工焊接车间和装配车间的间接支出归集在三个车间的"制造费用"明细账中，月末采用生产工时比例法将在"制造费用"明细账中归集的间接支出分配计入锻压机床和金属切削机床两个产品的基本生产成本中。

制造费用明细账

车间名称：铸造车间

月	日	摘要	职工薪酬	机物料消耗	折旧费	办公费	水电费	财产保险费	运费	维修费	余额

制造费用明细账

车间名称：加工焊接车间

月	日	摘要	职工薪酬	机物料消耗	折旧费	办公费	水电费	财产保险费	租赁费	运费	维修费	余额

制造费用明细账

车间名称：装配车间

月	日	摘要	职工薪酬	机物料消耗	折旧费	办公费	水电费	财产保险费	运费	维修费	余额

生产工时统计表

20××年 8 月 单位：工时

项目	铸造车间	加工焊接车间	装配车间	合计
锻压机床	12 000	35 000	24 000	71 000
金属切削机床	18 000	45 000	36 000	99 000
合计	30 000	80 000	60 000	170 000

制造费用分配表

生产车间：铸造车间 20××年 8 月 金额单位：元

应借科目		分配标准 （生产工时）	分配率 （元/小时）	分配金额（元）
总账科目	明细科目			
基本生产成本	锻压机床			
	金属切削机床			
	合计			

制造费用分配表

生产车间：加工焊接车间 20××年 8 月 金额单位：元

应借科目		分配标准 （生产工时）	分配率 （元/小时）	分配金额（元）
总账科目	明细科目			
基本生产成本	锻压机床			
	金属切削机床			
	合计			

制造费用分配表

生产车间：装配车间 20××年 8 月 金额单位：元

应借科目		分配标准 （生产工时）	分配率 （元/小时）	分配金额（元）
总账科目	明细科目			
基本生产成本	锻压机床			
	金属切削机床			
	合计			

第四节 | 期间费用的归集与结转

一、期间费用的归集

期间费用是指本期发生的、不计入产品成本而直接计入当期损益的各项费用，包括销售费用、管理费用、财务费用。七大耗费要素分配和辅助生产成本分配时，应将归属于期间费用的各项费用计入相应的明细账中。

二、期间费用的结转

月末损益结转时，将归集在"销售费用""管理费用""财务费用"总账和明细账借方余额的费用，转入"本年利润"科目，结转后"销售费用""管理费用""财务费用"总账和所属明细账无余额。

三、实训目的

期间费用也是成本会计核算的内容之一，本步骤让学生熟练掌握期间费用的核算。

四、本步骤核算需具备的基础知识

"销售费用""管理费用""财务费用"核算的内容。

五、本步骤工作流程

（一）期间费用的归集

期间费用的归集流程如图 2-7 所示。

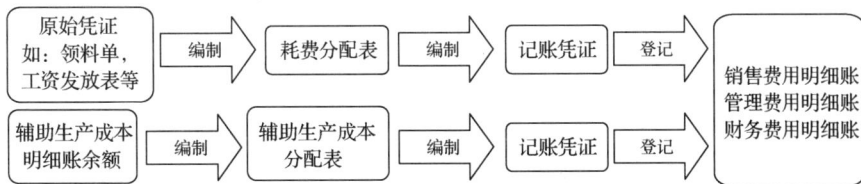

图 2-7　期间费用的归集流程

通过前面七大要素、辅助生产成本的分配，各期间费用明细账上汇总的余额即是归集的总金额。

（二）期间费用的结转

期末损益类结转时"销售费用""管理费用""财务费用"账户余额转到"本年利润"账户借方，结转后的结果：期间费用明细账余额为"0"。

六、本步骤实训工作具体实施

本步骤通过"销售费用""管理费用""财务费用"明细账归集期间耗费，由于成本核算流程没有包括企业所有的业务，月末无法进行期间费用的结转，本实训暂不对期间费用进行结转。

销售费用明细账

月	日	摘要	职工薪酬	包装费	折旧费	水电费	财产保险费	办公费	修理费	运费		余额

管理费用明细账

月	日	摘要	职工薪酬	折旧费	水电费	财产保险费	租赁费	办公费	修理费	运费		余额

财务费用明细账

月	日	摘要	利息支出	汇兑损益	手续费	现金折扣		余额

第五节 生产成本在完工产品和在产品之间的分配

一、生产成本在完工产品与在产品之间的分配概述

通过前面四个步骤，我们已经把生产产品的全部耗费归集在"基本生产成本"明细账中，期末需要采用一定的方法将生产成本在完工产品与在产品之间进行分配，从而计算出完工产品成本，完成产品成本计算。

完工产品与在产品之间进行分配的常用方法有：在产品不计算成本法、在产品按固定成本计价法、在产品按所耗原材料成本计价法、约当产量比例法、在产品按完工产品计算法、在产品按定额成本计价法和定额比例法。

二、实训目的

本步骤让学生熟练掌握在分步法下如何采用约当产量比例法进行完工产品与在产品之间成本的分配，为后续学习使用品种法、分批法进行期末完工产品与在产品之间的成本分配打下基础。

三、本步骤工作流程

（一）期末基本生产成本的归集

期末基本生产成本的归集流程如图 2-8 所示。

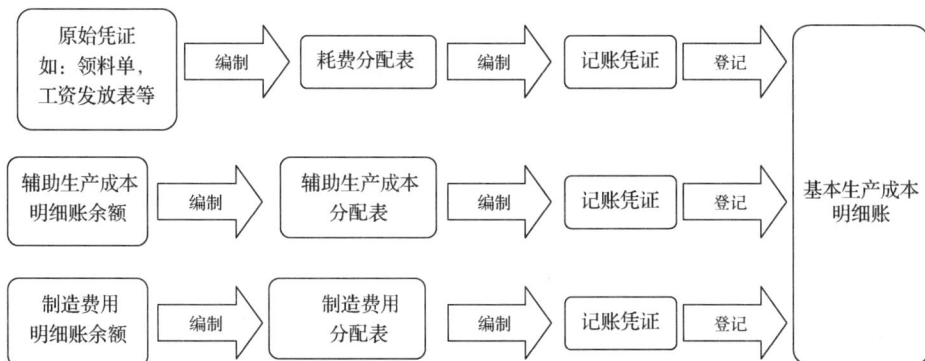

注：辅助生产成本主要是自制动力（如供电车间分配的成本），计入"基本生产成本"的"燃料及动力"成本项目；其他辅助生产成本分配通常不计入基本生产成本。

图 2-8　期末基本生产成本的归集流程

通过前面七大要素、辅助生产成本的分配，制造费用明细账分配计入基本生产成本，汇总的金额即是归集的本月生产成本总金额。

（二）期末生产成本在完工产品与在产品之间的分配

期末生产成本在完工产品与在产品之间的分配流程如图 2-9 所示。

图 2-9　期末生产成本在完工产品与在产品之间的分配流程

四、分步法的基本框架

分步法的基本框架如图 2-10 所示。

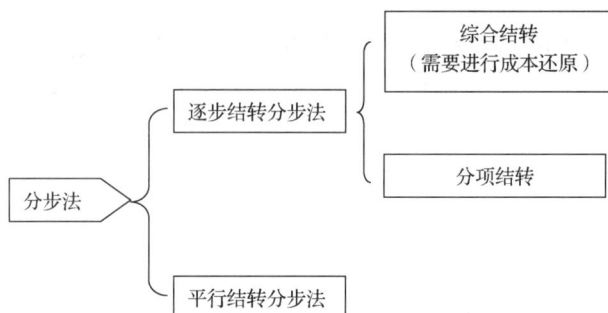

图 2-10　分步法的基本框架

五、本步骤实训难点

完工产品和在产品的确定及使用情况，约当产量的计算。

六、本步骤实训工作具体实施

（一）锻压机床采用逐步结转分步法中的综合结转进行核算

图 2-11 给出了逐步综合结转分步法的核算流程。本步骤将在上月"基本生产成本"明细账余额的基础上，结合本月生产情况按照核算流程进行。同时逐步综合结转分步法由于计算结果无法进行成本分析，月末还需进行成本还原工作。

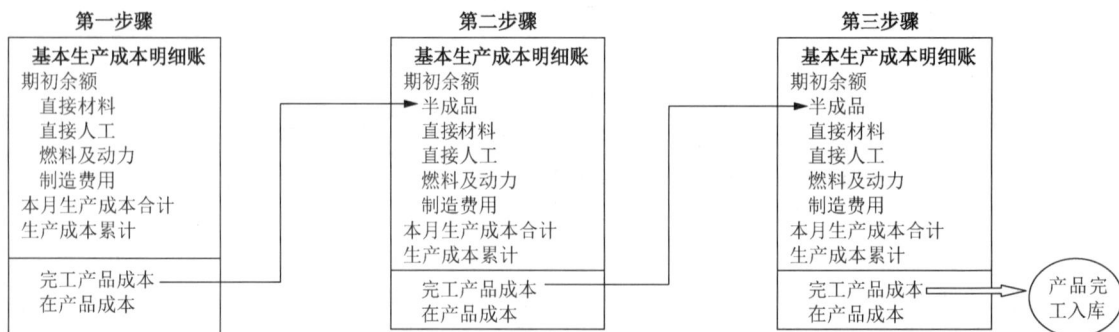

图 2-11　逐步综合结转分步法核算流程

月初在产品成本

金额单位：元

项目	铸造车间		加工焊接车间		装配车间	
	锻压机床	金属切削机床	锻压机床	金属切削机床	锻压机床	金属切削机床
直接材料	478 367.00	569 485.00				
燃料及动力	25 789.56	45 879.22	47 523.00	56 321.63	10 032.00	64 465.68
半成品			421 695.12		511 751.00	
直接人工	12 695.00	89 478.24	10 685.00	351 684.26	15 600.00	187 239.82
制造费用	31 741.32	65 678.48	21 652.26	198 462.65	12 786.54	78 456.24
合计	548 592.88	770 520.94	501 555.38	606 468.54	550 169.54	330 161.74

产量资料

产品：锻压机床　　　　　　　　　20××年8月　　　　　　　　　单位：台

摘要	铸造车间	加工焊接车间	装配车间
月初在产品数量	11	9	12
本月投产或上步转来	22	25	28
本月完工产品数量	25	28	30
月末在产品数量	8	6	10
在产品完工程度	40%	45%	50%
投料方式	生产开始时一次性投料		

基本生产成本明细账*

车间名称：铸造车间
产品名称：锻压机床

完工产量：
在产品数量：

完工率：

月	日	摘要	成本项目				成本合计
			直接材料	燃料与动力	直接人工	制造费用	

* 即产品成本计算单，下同。

基本生产成本明细账

车间名称：加工焊接车间
产品名称：锻压机床

完工产量：　　　　　　　完工率：
在产品数量：

月	日	摘要	成本项目				成本合计
			半成品 A	燃料与动力	直接人工	制造费用	

基本生产成本明细账

车间名称：装配车间
产品名称：锻压机床

完工产量：
在产品数量：
完工率：

月	日	摘要	成本项目				成本合计
			半成品 B	燃料与动力	直接人工	制造费用	

产品成本还原计算表

产品名称：锻压机床　　　　　　　　　　20××年8月31日　　　　　　　　　　金额单位：元

项目	还原分配率	第二步骤半成品 B	第一步骤半成品 A	直接材料	燃料与动力	直接人工	制造费用	合计
还原前产成品成本								
第二步骤完工半成品成本								
第一次成本还原								
第一步骤完工半成品成本								
第二次成本还原								
还原后产成品成本								
产成品单位成本								

（二）金属切削机床采用平行结转分步法进行核算

图 2-12 给出了平行结转分步法的核算流程。本步骤将在上月"基本生产成本"明细账余额的基础上，结合本月生产情况按照核算流程进行。

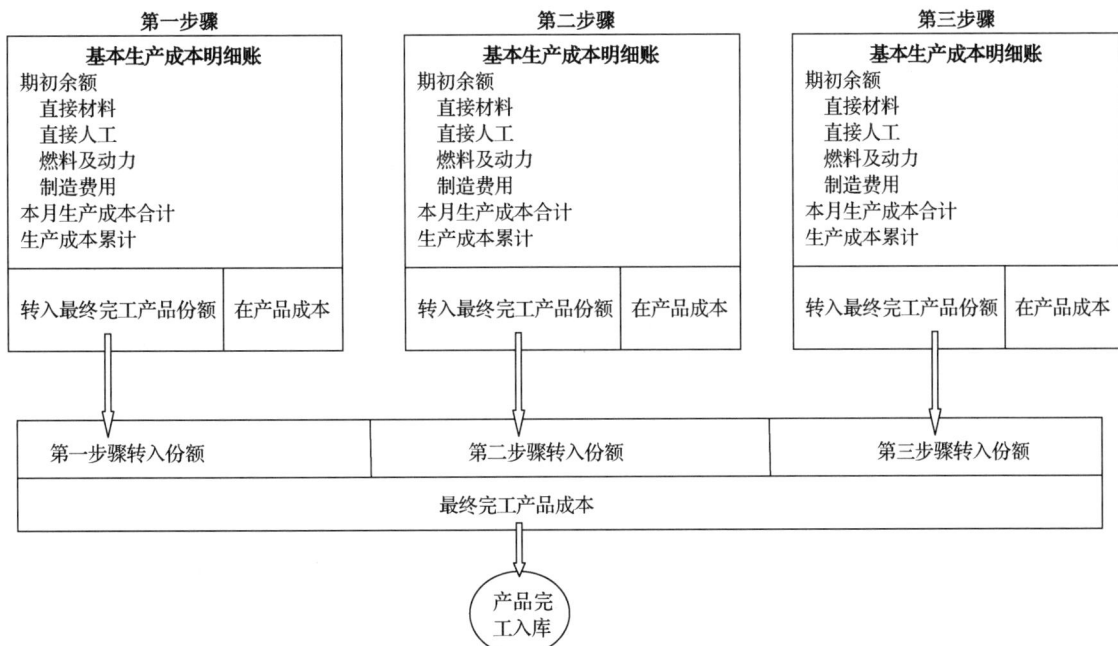

图 2-12　平行结转分步法核算流程

月初在产品成本

金额单位：元

项目	铸造车间		加工焊接车间		装配车间	
	锻压机床	金属切削机床	锻压机床	金属切削机床	锻压机床	金属切削机床
直接材料	478 367.00	569 485.00				
燃料及动力	25 789.56	45 879.22	47 523.00	56 321.63	10 032.00	64 465.68
半成品			421 695.12		511 751.00	
直接人工	12 695.00	89 478.24	10 685.00	351 684.26	15 600.00	187 239.82
制造费用	31 741.32	65 678.48	21 652.26	198 462.65	12 786.54	78 456.24
合计	548 592.88	770 520.94	501 555.38	606 468.54	550 169.54	330 161.74

产量资料

产品：金属切削机床　　　　　　20××年8月　　　　　　单位：台

摘要	铸造车间	加工焊接车间	装配车间
月初在产品数量	10	8	9
本月投产或上步转来	26	28	26
本月完工产品数量	28	26	27
月末在产品数量	8	10	8
在产品完工程度	75%	80%	85%
投料方式	生产开始时一次性投料		

基本生产成本明细账

车间名称：铸造车间
产品名称：金属切削机床

完工产量：
在产品数量：

月	日	摘要	成本项目				成本合计
			直接材料	燃料与动力	直接人工	制造费用	

基本生产成本明细账

车间名称：加工焊接车间　　　　　　　　　　　　　　　　　　　　　　完工产量：
产品名称：金属切削机床　　　　　　　　　　　　　　　　　　　　　　在产品数量：

月	日	摘要	成本项目				成本合计
			直接材料	燃料与动力	直接人工	制造费用	

基本生产成本明细账

车间名称：装配车间
产品名称：金属切削机床

完工产量：
在产品数量：

月	日	摘要	成本项目				成本合计
			直接材料	燃料与动力	直接人工	制造费用	

完工产品成本汇总计算单

产品名称：金属切削机床　　　　　　　　20××年 8 月 31 日　　　　　　　　完工产量：

摘要	直接材料	燃料与动力	直接人工	制造费用	成本合计
铸造车间转入					
加工焊接车间转入					
装配车间转入					
总成本					
单位成本					

记 账 凭 证

顺序号第____号

年　月　日

摘要	总账科目	明细科目	√	借方									贷方								
				千	百	十	万	千	百	十	元	角	分	千	百	十	万	千	百	十	元	角	分
合计																					

附件　　　　　　张

会计主管：　　　　记账：　　　　稽核：　　　　填制：

注：以下提供实训中所需的记账凭证（含备用）。在实际工作中，一笔交易或事项需要填制多张记账凭证时，需采用分数编号法编号。为避免分数编号的问题，记账凭证行数设计得比较多。请学生使用时注意，实际工作中记账凭证的行数通常是一致的。

记账凭证

顺序号第＿＿＿号

附件＿＿＿张

摘要	总账科目	明细科目	√	借方										贷方									
				千	百	十	万	千	百	十	元	角	分	千	百	十	万	千	百	十	元	角	分
合计																							

年 月 日

会计主管： 记账： 稽核： 填制：

记 账 凭 证

顺序号第＿＿＿＿号

摘要	总账科目	明细科目	√	借方									贷方								
				千	百	十	万	千	百	十	元	角	分	千	百	十	万	千	百	十	元	角	分
合计																							

附件 张

会计主管： 记账： 稽核： 填制：

记 账 凭 证

顺序号第＿＿＿号

摘要	总账科目	明细科目	年 月 日	√	借方										贷方									
					千	百	十	万	千	百	十	元	角	分	千	百	十	万	千	百	十	元	角	分
合计																								

附 件 张

会计主管： 记账： 稽核： 填制：

记 账 凭 证

顺序号第 ____ 号

摘要	总账科目	明细科目	年 月 日 √	借方									贷方								
				千	百	十	万	千	百	十	元	角	分	千	百	十	万	千	百	十	元	角	分
合计																							

附件 张

会计主管: 记账: 稽核: 填制:

记 账 凭 证

附　件　　　　　　张

摘要	总账科目	明细科目	年 月 日 ∨	借方											贷方									
				千	百	十	万	千	百	十	元	角	分		千	百	十	万	千	百	十	元	角	分
合计																								

会计主管：　　　　　　　记账：　　　　　　　稽核：　　　　　　　填制：

记 账 凭 证

顺序号第＿＿＿号

年　月　日

摘要	总账科目	明细科目	√	借方											贷方										
				千	百	十	万	千	百	十	元	角	分	千	百	十	万	千	百	十	元	角	分
合计																							

附件　　　　张

会计主管：　　　　记账：　　　　稽核：　　　　填制：

记 账 凭 证

顺序号第　　号

附件　　张

摘要	总账科目	明细科目	√	借方										贷方									
				千	百	十	万	千	百	十	元	角	分	千	百	十	万	千	百	十	元	角	分
合计																							

年　月　日

会计主管：　　　　　　　　记账：　　　　　　　　稽核：　　　　　　　　填制：

记 账 凭 证

顺序号第＿＿＿号

摘要	总账科目	明细科目	√	借方										贷方									
				千	百	十	万	千	百	十	元	角	分	千	百	十	万	千	百	十	元	角	分
合计																							

年 月 日

附 件 张

会计主管： 记账： 稽核： 填制：

记 账 凭 证

顺序号第 ___ 号

摘要	总账科目	明细科目	√	借方										贷方									
				千	百	十	万	千	百	十	元	角	分	千	百	十	万	千	百	十	元	角	分
合计																							

年 月 日

附 件 张

会计主管： 记账： 稽核： 填制：

记 账 凭 证

顺序号第　　号

摘要	总账科目	明细科目	√	借方										贷方									
				千	百	十	万	千	百	十	元	角	分	千	百	十	万	千	百	十	元	角	分
合计																							

附件　　张

年 月 日

会计主管: 　　　　记账: 　　　　稽核: 　　　　填制:

记 账 凭 证

顺序号第 ＿＿ 号

摘要	总账科目	明细科目	年 月 日	√	借方										贷方									
					千	百	十	万	千	百	十	元	角	分	千	百	十	万	千	百	十	元	角	分
合计																								

附件　　　　　张

会计主管：　　　　　记账：　　　　　稽核：　　　　　填制：

记 账 凭 证

顺序号第＿＿＿号

附　件　＿＿＿张

摘要	总账科目	明细科目	年 月 日 ✓	借方 千 百 十 万 千 百 十 元 角 分	贷方 千 百 十 万 千 百 十 元 角 分
	合计				

会计主管：　　　记账：　　　稽核：　　　填制：

记 账 凭 证

顺序号第＿＿＿号

摘要	总账科目	明细科目	年 月 日 √	借方										贷方									
				千	百	十	万	千	百	十	元	角	分	千	百	十	万	千	百	十	元	角	分
合计																							

附 件　　　　　张

填制：　　　　稽核：　　　　记账：

会计主管：

记 账 凭 证

顺序号第＿＿＿号

摘要	总账科目	明细科目	√	借方										贷方								
				千	百	十	万	千	百	十	元	角	分	千	百	十	万	千	百	十	元	角	分
合计																							

年 月 日

附 件 ＿＿＿＿张

会计主管：　　　　记账：　　　　稽核：　　　　填制：

记 账 凭 证

摘要	总账科目	明细科目	√	借方									贷方								
				千	百	十	万	千	百	十	元	角	分	千	百	十	万	千	百	十	元	角	分
合计																				

年　月　日

会计主管：　　　　　　　记账：　　　　　　　稽核：　　　　　　　填制：

附　件　　　　　　张

记 账 凭 证

顺序号第_____号

摘要	总账科目	明细科目	√	借方											贷方									
				千	百	十	万	千	百	十	元	角	分	千	百	十	万	千	百	十	元	角	分
合计																							

年 月 日   附件   张

会计主管: 记账: 稽核: 填制:

记 账 凭 证

顺序号第 ____ 号

附 件 ____ 张

年 月 日	摘要	总账科目	明细科目	✓	借方										贷方									
					千	百	十	万	千	百	十	元	角	分	千	百	十	万	千	百	十	元	角	分
	合计																							

会计主管: 　　记账: 　　稽核: 　　填制:

记 账 凭 证

顺序号第____号

摘要	总账科目	明细科目	年 月 日	√	借方										贷方								
					千	百	十	万	千	百	十	元	角	分	千	百	十	万	千	百	十	元	角	分
合计																								

附 件   张

会计主管: 记账: 稽核: 填制:

记 账 凭 证

顺序号第＿＿号

摘要	总账科目	明细科目	√	借方										贷方									
				千	百	十	万	千	百	十	元	角	分	千	百	十	万	千	百	十	元	角	分
合计																							

年 月 日

附 件 张

会计主管： 记账： 稽核： 填制：

记 账 凭 证

顺序号第＿＿号

摘要	总账科目	明细科目	√	借方										贷方										附件
				千	百	十	万	千	百	十	元	角	分	千	百	十	万	千	百	十	元	角	分	张
合计																								

年　月　日

会计主管：　　　　　　记账：　　　　　　稽核：　　　　　　填制：

记 账 凭 证

顺序号第 ___ 号

摘要	总账科目	明细科目	√	借方									贷方								
			千	百	十	万	千	百	十	元	角	分	千	百	十	万	千	百	十	元	角	分
合计																						

附件　　　张

会计主管：　　　　记账：　　　　稽核：　　　　填制：

某企业生产甲、乙两种产品，属单步骤大量生产。辅助生产车间的间接耗费通过"制造费用"科目核算。20××年5月的有关生产耗费支出资料如下。

（1）根据5月材料领退凭证汇总的材料耗费如下。

甲产品：原材料 800 000 元。

乙产品：原材料 400 000 元。

基本生产车间：机物料消耗 45 000 元，劳动保护费 38 000 元。

供电车间：直接耗用 15 000 元，车间一般消耗 10 000 元。

机修车间：直接耗用 10 000 元，车间一般消耗 7 000 元。

企业管理部门：一般消耗 40 000 元。

（2）5月的工资耗费如下。

基本生产车间：生产工人工资 580 000 元，管理人员工资 15 000 元。

供电车间：生产工人工资 6 000 元，管理人员工资 5 500 元。

机修车间：生产工人工资 21 000 元，管理人员工资 7 000 元。

企业管理部门：管理人员工资 50 000 元。

职工福利费按工资的 14%提取。

基本生产车间工人工资（计时工资）和福利费在甲、乙两种产品之间按产品的实际工时比例分配。本月实际工时为：甲产品 6 000 小时，乙产品 4 000 小时。

（3）根据5月有关凭证记录，其他有关支出（假定均由银行存款支付）如下。

基本生产车间：办公费 30 000 元，水费 1 000 元，运输费 42 000 元，厂外加工费 80 000 元，其他支出 12 000 元。

供电车间：劳动保护费 4 000 元，办公费 3 000 元，其他支出 3 000 元。

机修车间：办公费 3 500 元，其他支出 1 000 元。

企业管理部门：办公费 40 000 元，水费 6 000 元，差旅费 35 000 元，其他支出 55 000 元。

（4）5月固定资产折旧费用为：基本生产车间 65 000 元，供电车间 6 000 元，机修车间 8 000 元，企业管理部门 25 000 元。

（5）该企业规定，辅助生产成本按计划成本分配。有关计划单位成本为：每度电 2.4 元，经常性机修每小时 80 元。辅助生产的成本差异全部计入管理费用。

供电车间供电 17 500 度。其中，机修车间动力用电 1 340 度，照明用电 110 度；基本生产车间动力用电 14 850 度，照明用电 450 度；企业管理部门用电 750 度。基本生产车间的动力耗费，按产品的实用工时比例，在甲、乙两种产品之间进行分配。

机修车间进行经常性修理 920 小时。其中，供电车间耗用 30 小时；基本生产车间耗用 800 小时；企业管理部门耗用 90 小时。

（6）制造费用按产品的生产工时比例，在甲、乙两种产品之间进行分配。

（7）该企业甲产品的消耗定额比较准确、稳定，因而采用定额比例法分配计算完工产品成本和月末在产品成本；原材料成本按定额原材料成本比例分配，其他各项耗费均按定额工时比例分配。甲产品 5 月初在产品的定额资料为：定额原材料成本 52 000 元，定额工时 3 050 小时。5 月初在产品的实际成本为：直接材料 50 000 元，燃料及动力 8 160 元，直接人工 18 000 元，制造费用 12 500 元。甲产品 5 月份投入的定额原材料成本为 720 000 元，定额工时为 5 600 小时。甲产品 5 月份完工 180 件，单件原材料成本定额为 4 000 元，单件工时定额为 41 小时。

该企业乙产品各月在产品数量比较稳定，因而规定各月末在产品成本按年初数固定计算，到年末时才根据实际情况进行调整。其年初在产品成本为：直接材料 76 000 元，燃料与动力 22 000 元，直接人工 45 000 元，制造费用 33 000 元。乙产品 9 月份完工 100 件。

要求：（1）根据上述资料，确定企业采用的成本计算方法；

（2）编制相关生产耗费分配表；

（3）编制有关生产耗费分配表和产品成本结转的会计分录；

（4）登记相关明细账。

企业采用的成本计算方法：_____

材料耗费分配表

20××年5月 单位：元

应借科目		成本或费用项目	金额
		小计	
		小计	
		小计	
	合计		

应付职工薪酬耗费分配表

20××年5月 金额单位：元

应借科目	分配计入				直接计入	工资耗费合计	职工福利费（14%）	应付职工薪酬合计
	产品	生产工时	分配率（元/小时）	分配金额				
合计								

银行存款付款凭证汇总表

20××年5月 单位：元

应借科目			金额
总账科目	明细科目	成本或费用项目	
		小计	
		小计	
		小计	
		小计	
合计			

固定资产折旧费分配表

20××年5月 单位：元

应借科目	车间	成本（费用）项目	固定资产折旧额
合计			

辅助生产成本明细账

辅助生产车间：供电车间

20××年		摘要						
月	日							

辅助生产成本明细账

辅助生产车间：机修车间

20××年		摘要								
月	日									

制造费用明细账

车间名称：供电车间

20××年		摘要											
月	日												

制造费用明细账

车间名称：机修车间

20××年		摘要										
月	日											

辅助生产成本分配表
（计划成本分配法）
20××年5月　　　　　　　　　　　　　　　　　　金额单位：元

项目			供电车间	机修车间	合计
待分配成本					
供应数量（度、小时）					
计划单位成本（元）					
辅助车间	供电车间	耗用数量			
		负担金额			
	机修车间	动力耗用数量			
		负担金额			
		照明耗用数量			
		负担金额			
基本生产车间	动力耗用	耗用数量			
		负担金额			
	一般耗用	耗用数量			
		负担金额			
行政管理部门		耗用数量			
		负担金额			
按计划成本分配合计					
辅助生产实际成本					
辅助生产成本差异					

动力耗费分配表
生产车间：　　　　　　　　　20××年5月　　　　　　　　　金额单位：元

应借科目		分配标准	分配率	分配金额
总账科目	明细科目	（生产工时）	（元/小时）	
基本生产成本	甲产品			
	乙产品			
	合计			

制造费用明细账

车间名称：基本生产车间

20××年		摘要											
月	日												

制造费用分配表

生产车间：　　　　　　　　　　　　　　　　20××年 5 月　　　　　　　　　　　　　　金额单位：元

应借科目		分配标准 （生产工时）	分配率 （元/小时）	分配金额
总账科目	明细科目			
基本生产成本	甲产品			
	乙产品			
	合计			

产品成本明细账

产品品种：甲

20××年		摘要						
月	日							
4	30	在产品成本	定额		（工时：　小时）			
			实际					
5	31	本月成本	定额		（工时：　小时）			
			实际					
5	31	生产成本累计	定额		（工时：　小时）			
			实际					
5	31	分配率						
5	31	完工产品成本 （180 件）	定额		（工时：　小时）			
			实际					
			单位成本					
5	31	在产品成本	定额		（工时：　小时）			
			实际					

产品成本明细账

产品品种：乙

20××年		摘要							
月	日								

记 账 凭 证

顺序号第　　号

								借方									贷方							
摘要	总账科目	明细科目	√	千	百	十	万	千	百	十	元	角	分	千	百	十	万	千	百	十	元	角	分
合计																							

年　月　日

附　件　　　　张

会计主管：　　　　　记账：　　　　　稽核：　　　　　填制：

记 账 凭 证

顺序号第 _____ 号

摘要	总账科目	明细科目	年 月 日 √	借方 千 百 十 万 千 百 十 元 角 分	贷方 千 百 十 万 千 百 十 元 角 分
合计					

附 件 张

会计主管: 记账: 稽核: 填制:

记 账 凭 证

顺序号第＿＿号

摘要	总账科目	明细科目	√	借方										贷方									
				千	百	十	万	千	百	十	元	角	分	千	百	十	万	千	百	十	元	角	分
合计																							

年 月 日

附 件 ＿＿＿＿＿ 张

会计主管：　　　　　记账：　　　　　稽核：　　　　　填制：

记 账 凭 证

顺序号第____号

摘要	总账科目	明细科目	年	月	日	√	借方										贷方									
							千	百	十	万	千	百	十	元	角	分	千	百	十	万	千	百	十	元	角	分
合计																										

附件____张

会计主管: 　　记账: 　　稽核: 　　填制:

记 账 凭 证

顺序号第 _____ 号

摘要	总账科目	明细科目	√	借方										贷方										附件
				千	百	十	万	千	百	十	元	角	分	千	百	十	万	千	百	十	元	角	分	张
合计																								

年 月 日

会计主管: 记账: 稽核: 填制:

记 账 凭 证

顺序号第 ___ 号

摘要	总账科目	明细科目	√	借方									贷方								
				千	百	十	万	千	百	十	元	角	分	千	百	十	万	千	百	十	元	角	分
合计																							

年 月 日

附件 张

会计主管: 记账: 稽核: 填制:

记 账 凭 证

顺序号第 _____ 号

附 件 _____ 张

摘要	总账科目	明细科目	√	借方									贷方								
				千	百	十	万	千	百	十	元	角	分	千	百	十	万	千	百	十	元	角	分
合计																				

会计主管： 记账： 稽核： 填制：

记 账 凭 证

摘要	总账科目	明细科目	年 月 日	√	借方										贷方									
					千	百	十	万	千	百	十	元	角	分	千	百	十	万	千	百	十	元	角	分
合计																								

顺序号第 ___ 号

附 件 ___ 张

会计主管： 记账： 稽核： 填制：

记 账 凭 证

顺序号第 ___ 号

摘要	总账科目	明细科目	√	借方									贷方								
				千	百	十	万	千	百	十	元	角	分	千	百	十	万	千	百	十	元	角	分
合计																					

年 月 日

附 件 张

会计主管: 记账: 稽核: 填制:

记 账 凭 证

顺序号第 ___ 号

摘要	总账科目	明细科目	√	年 月 日	借方										贷方									
					千	百	十	万	千	百	十	元	角	分	千	百	十	万	千	百	十	元	角	分
合计																								

附件 张

会计主管: 记账: 稽核: 填制:

记 账 凭 证

顺序号第＿＿号

摘要	总账科目	明细科目		借方									贷方								
			√	千	百	十	万	千	百	十	元	角	分	千	百	十	万	千	百	十	元	角	分
合计																							

年 月 日

附 件 张

会计主管：　　　　记账：　　　　稽核：　　　　填制：

记 账 凭 证

顺序号第_____号

摘要	总账科目	明细科目	年 月 日	√	借方											贷方										
					千	百	十	万	千	百	十	元	角	分	千	百	十	万	千	百	十	元	角	分
合计																									

附件_____张

会计主管：　　　　　　　　记账：　　　　　　　　稽核：　　　　　　　　填制：

记 账 凭 证

顺序号第　　号

| 附件　　张 | | |

摘要	总账科目	明细科目	√	借方										贷方									
				千	百	十	万	千	百	十	元	角	分	千	百	十	万	千	百	十	元	角	分
合计																							

年　月　日

会计主管：　　　　　记账：　　　　　稽核：　　　　　填制：

记 账 凭 证

顺序号第 ____ 号

附 件 ____ 张

摘要	总账科目	明细科目	年 月 日	√	借方										贷方									
					千	百	十	万	千	百	十	元	角	分	千	百	十	万	千	百	十	元	角	分
合计																								

会计主管: 　　　　记账: 　　　　稽核: 　　　　填制:

记 账 凭 证

顺序号第____号

摘要	总账科目	明细科目	年 月 日	√	借方								贷方							
					千	百	十	万	千	百	十	元	角	分	千	百	十	万	千	百	十	元	角	分
合计																								

附件   张

会计主管: 记账: 稽核: 填制:

参考文献

[1] 企业产品成本会计编审委员会．企业产品成本会计核算详解与实务．北京：人民邮电出版社，2020．

[2] 王晓秋．成本会计理论与模拟实训．上海：立信会计出版社，2020．

[3] 万寿义，任月君．成本会计．5版．大连：东北财经大学出版社，2019．

[4] 于富生，等．成本会计学．8版．北京：中国人民大学出版社，2018．

[5] 会计仿真实训平台项目组．成本会计实训．北京：清华大学出版社，2018．

[6] 段昌军，陈代堂．成本会计综合实训．北京：中国商业出版社，2016．

读者意见反馈

亲爱的读者:

感谢您一直以来对人民邮电出版社的支持,您的信赖是我们进步的不竭动力。在使用本书的过程中,如果您有好的意见和建议,或者遇到了什么问题,我们真诚地希望您能抽出一点宝贵的时间,反馈给我们。打造高品质的教材是我们的不懈追求,您的意见是我们最宝贵的财富。

地址:北京市丰台区成寿寺路 11 号邮电出版大厦 307 室

邮编:100164　　电子邮件:liuxiangrong@ptpress.com.cn

电话:010-81055254

教材名称:成本会计综合实训

ISBN:978-7-115-56638-6

个人资料

姓名:＿＿＿＿＿＿＿＿年龄:＿＿＿＿＿ 所在院校/专业:＿＿＿＿＿＿＿＿＿＿＿

职称:＿＿＿＿＿＿ 通信地址:＿＿＿＿＿＿＿＿＿＿＿＿＿＿＿＿＿

联系电话:＿＿＿＿＿＿ 电子信箱:＿＿＿＿＿＿＿＿＿＿＿＿＿＿＿

您使用本书是作为: □指定教材　□选用教材　□辅导教材　□自学教材

您对本书封面设计的满意度:

　□很满意 □满意 □一般 □不满意 改进建议＿＿＿＿＿＿＿＿＿＿＿＿＿

您对本书印刷质量的满意度:

　□很满意 □满意 □一般 □不满意 改进建议＿＿＿＿＿＿＿＿＿＿＿＿＿

您对本书的总体满意度:

　从语言角度 □很满意 □满意 □一般 □不满意 改进建议＿＿＿＿＿＿＿＿

　从知识角度 □很满意 □满意 □一般 □不满意 改进建议＿＿＿＿＿＿＿＿

本书最令您满意的是:

　□逻辑清晰　　□内容充实　　□讲解详尽　　□实例丰富

您希望本书在哪些方面进行改进? (可附页)

＿＿＿＿＿＿＿＿＿＿＿＿＿＿＿＿＿＿＿＿＿＿＿＿＿＿＿＿＿＿＿＿＿＿＿

＿＿＿＿＿＿＿＿＿＿＿＿＿＿＿＿＿＿＿＿＿＿＿＿＿＿＿＿＿＿＿＿＿＿＿

＿＿＿＿＿＿＿＿＿＿＿＿＿＿＿＿＿＿＿＿＿＿＿＿＿＿＿＿＿＿＿＿＿＿＿

教学资源支持

敬爱的老师:

为了配合课程的教学需要,助力教学活动的开展,人民邮电出版社致力于立体化教学资源的开发建设,老师可以登录人邮教育社区(www.ryjiaoyu.com)查询并免费下载与本书配套的教学资源,也可以与编辑联系(刘向荣,010-81055254,liuxiangrong@ptpress.com.cn)了解资源情况。